ESTADO POLICIAL

CID BENJAMIN

ESTADO POLICIAL
COMO SOBREVIVER

1ª edição

CIVILIZAÇÃO BRASILEIRA

Rio de Janeiro
2019

Copyright © Cid Benjamin, 2019

CIP-BRASIL. CATALOGAÇÃO NA PUBLICAÇÃO
SINDICATO NACIONAL DOS EDITORES DE LIVROS, RJ

B416e Benjamin, Cid
Estado policial: como sobreviver / Cid Benjamin. – 1ª ed. –
Rio de Janeiro: Civilização Brasileira, 2019.
144p. , 21cm.

ISBN 978-85-200-1396-0

1. Ciência política. 2. Brasil – Política governo – Séc. XXI.
3. Jornalismo – Aspectos políticos – Brasil. I. Título.

19-58735
CDD: 320.981
CDU: 32(81)

Meri Gleice Rodrigues de Souza – Bibliotecária – CRB-7/6439

Todos os direitos reservados. Proibida a reprodução, o armazenamento ou a transmissão de partes deste livro, através de quaisquer meios, sem prévia autorização por escrito.

Texto revisado segundo o novo Acordo Ortográfico da Língua Portuguesa.

Direitos desta edição adquiridos pela
EDITORA CIVILIZAÇÃO BRASILEIRA
Um selo da
EDITORA JOSÉ OLYMPIO LTDA.
Rua Argentina, 171 – Rio de Janeiro, RJ – 20921-380 – Tel.: (21) 2585-2000.

Impresso no Brasil.

Seja um leitor preferencial Record.
Cadastre-se no site www.record.com.br
e receba informações sobre nossos
lançamentos e nossas promoções.

EDITORA AFILIADA

Atendimento e venda direta ao leitor:
sac@record.com.br

*A Alfredo Jacinto Melo,
o Alfredinho do Bip-Bip (1944–2019),
um verdadeiro comunista
e um verdadeiro cristão.
Um verdadeiro humanista.*

*E a todos que foram de aço nos anos de chumbo
e que, mesmo derrotados, trataram de segurar
a primavera entre os dentes.*

SUMÁRIO

Um documento inacreditavelmente valioso,
por Wagner Moura   9

Em defesa da vida no Estado policial ou
em tempos de ovo da serpente,
por João Batista Damasceno   11

A serpente do fascismo está ativa,
por dom Angélico Sândalo Bernardino   19

Considerações iniciais   23

1. Atentados ao longo da história   29
2. A criminalização do movimento popular
   e de organizações de esquerda   37
3. A expansão das milícias   45
4. As milícias e o poder   55
5. Algumas medidas de proteção   63
6. Celulares, computadores, notebooks e tablets   75
7. Câmeras, microfones e outros mecanismos
   de vigilância   97

8. Infiltrações policiais.
   Mais usadas do que se imagina   103

9. Numa ditadura aberta   115

10. A evolução da repressão: indo além da tortura   123

Considerações finais   141

UM DOCUMENTO
INACREDITAVELMENTE VALIOSO

WAGNER MOURA[1]

É inacreditável que este livro de Cid Benjamin faça tanto sentido em 2019. Desde o golpe de 2016, que retirou do governo a presidente Dilma Rousseff, nossa democracia vem se esfacelando em alta velocidade.

Mesmo em nossos piores pesadelos, poucos chegaram a pensar que um dia estaríamos produzindo um manual de conduta para a proteção de militantes. No filme que dirigi sobre Carlos Marighella, para o qual Cid foi um consultor fundamental, um repórter belga perguntou aos dirigentes da ALN: "Como chegamos a este ponto?" E eis que esta pergunta simples hoje volta a nos assombrar.

Como alguém como Jair Bolsonaro pode ter sido eleito presidente de uma das maiores democracias do mundo? Como é possível um governo que defende e acoberta mili-

---

1. Diretor da cinebiografia *Marighella*, sobre o político, escritor e guerrilheiro baiano.

ESTADO POLICIAL

cianos e grileiros, que extingue leis de proteção aos trabalhadores, que acaba com os repasse de verbas para a Educação, que afrouxa o combate ao desmatamento, que avança sobre as terras indígenas, que criminaliza os movimentos sociais, que declara guerra à cultura e à arte brasileiras, que persegue professores e defensores de direitos humanos, que dá carta branca para a letalidade policial e para o genocídio do povo negro, que estimula o extermínio de opositores?

Como chegamos a este ponto?

Neste livro, com a *expertise* de quem enfrentou a ditadura militar como dirigente do MR-8, Cid Benjamin, que sabe bem o que é ser preso e torturado por um Estado totalitário, nos ensina, a todos que nos opomos a esse quadro grotesco, a... simplesmente sobreviver.

Vejo este livro como um elo entre as reminiscências de *Gracias a la vida* e *Reflexões rebeldes,* dois livros anteriores de Cid. Uma ponte entre um passado macabro que julgávamos superado, um presente já irrespirável e um futuro pouco animador.

Aqui aprenderemos a nos cuidar, a nos preservar para a luta.

São reflexões simples, muito práticas. Vão desde proteger os dados de nossos celulares, a ter cuidado com o lixo que descartamos, a estar atentos à infiltração policial nas organizações de resistência, a como preservar as lideranças e até mesmo a resistir à tortura.

Como bem diz Cid, tomara que este livro se torne obsoleto muito em breve. No momento, vejo-o como um documento inacreditavelmente valioso.

EM DEFESA DA VIDA NO ESTADO POLICIAL OU EM TEMPOS DE OVO DA SERPENTE

JOÃO BATISTA DAMASCENO[2]

Ao receber o convite do Cid Benjamin para fazer um dos prefácios deste livro, imaginei que se tratasse tão só de um manual aos defensores dos direitos humanos em face da avassaladora propagação dos grupos paramilitares que atualmente são chamados de milícias. Mas o livro contém muito mais. É uma obra destinada à defesa da vida e dos cuidados com ela, em tempos de adversidades.

O filme de Ingmar Bergman *O ovo da serpente*, de 1977, sempre é rememorado em momentos difíceis ou como prenúncio de momentos críticos, pois trata dos conflitos na Alemanha no período de ascensão do nazismo, a mais radical experiência institucional de desumanização que se tem registro na história. A brutalidade dos Estados policiais corrói

---

2. Desembargador (JDS) do Tribunal de Justiça/RJ; professor da Universidade do Estado do Rio de Janeiro (Uerj); doutor em ciência política.

a sociabilidade que torna possível a convivência respeitosa de uns com outros mediante alteridade. A expressão "ovo da serpente" evoca o declínio de experiências democráticas, quando o sistema político começa a ser engolfado por práticas autoritárias e a racionalidade dos sistemas se esvai, transbordando num Estado policial.

Estado policial não é o Estado no qual a polícia tem o poder. É o Estado em que as agências de diversas naturezas, notadamente as do sistema de Justiça, passam a funcionar com a lógica policialesca. A fraternidade que permearia as relações sociais é relegada, todos são tratados como suspeitos, até prova em contrário, e os padrões civilizatórios que orientam os comportamentos sociais são substituídos pela brutalidade.

Nos Estados policiais, mesmo a racionalidade que pode existir num regime autoritário, é substituída pelo arbítrio. O Estado policial, numa sociedade marcada pela cordialidade, pode resultar na desqualificação das vidas humanas, por meros caprichos ou perversidades. A cordialidade, por vezes tomada como sinônimo de bondade, também pode ser a infringência do mal em decorrência do gozo com o sofrimento alheio ou mesquinho exercício de poder. Nesse contexto se situam as milícias, grupos de matadores, justiceiros ou outros adjetivos que se possam dar aos que têm práticas comuns. Tais grupos, de forma tradicional, são formados por agentes públicos no exercício de suas próprias razões, ex-agentes públicos ou particulares em colaboração com agentes públicos. Seja de uma natureza seja de outra os grupos agem para satisfação de interesses e sob a proteção de agentes do Estado.

EM DEFESA DA VIDA NO ESTADO POLICIAL

Quanto mais alta a hierarquia da proteção aos "matadores", maior será o poder de atuação, possibilidade de irresponsabilização e busca de justificação das condutas lesivas aos princípios que haveriam de orientar a ação do Estado ou os princípios que deveriam nortear as relações sociais. No código de ética da "marginalidade paraestatal" diz-se não admitir covardia, injustiça, vagabundagem e outros adjetivos capazes de justificar a desumanização do outro e a sua eliminação. A rotulagem é o meio pelo qual se justifica o extermínio. Um dos lemas é que direitos humanos são para pessoas humanas, numa tosca distinção entre pessoas que ostentam similares direitos básicos reconhecidos a todos.

A ascensão do Estado policial no presente momento escancara o fracasso das postulações fundadas na racionalidade iluminista que é a referência do Estado Democrático e de Direito. A queda de braço na qual nos enredamos demonstra uma crise institucional, de difícil desenlace. Daí os cuidados sugeridos no livro serem importantes na preservação da vida e das condições para nos mantermos firmes para as transformações sociais que se tornam necessárias.

A atuação escancarada do que hoje chamamos milícias é expressão da radicalização de interesses que não se sobreporiam pelo debate, nem sob princípios democráticos. A violência clandestina é o modo de atuação com a qual se impõe e faz prevalecer a sua vontade e os seus interesses. Ambas contam com a difusão do medo paralisante como dinâmica de sua estratégia de poder. Os interesses defendidos pelos grupos de extermínio demandam o medo paralisante para impor sua lógica. Da mesma forma os agentes estatais

ESTADO POLICIAL

da repressão quando se colocam a serviço de interesses que não os esculpidos numa ordem jurídica justa.

O livro do Cid Benjamin é uma elegia à coragem. Mas, é preciso também temer. A necessidade de temer os riscos e refletir sobre os perigos a correr e a evitar faz este livro imprescindível. O medo é o que nos protege dos perigos; é um estado emocional decorrente de uma resposta consciente a uma eventual ameaça; é um sentimento que nos alerta da possibilidade de riscos e nos torna atentos em nossas condutas para que não nos exponhamos de modo indevido. Diante do medo uma pessoa pode ficar paralisada, pode fugir ou pode buscar os meios mais eficazes para o enfrentamento. A ação apesar do medo é coragem, diversamente da ação ignorando os riscos que é valentia e que provoca mais sequelas do que resultados positivos dela decorrentes.

As atividades de bandos a serviço de interesses dominantes permeiam a história do Brasil. O Regente Feijó não criou a Guarda Nacional. Ele a organizou e recenseou. As milícias eram o braço armado do mando local ao longo da História do Brasil. A tortura em órgãos públicos é tão antiga quanto a transferência do castigo doméstico para o castigo público. Mas, a partir da chefia do general Amaury Kruel no Departamento Federal de Segurança Pública no final dos anos 1950 do século XX é que surgiram as denúncias de grupos estatais promovendo execuções. Depois Carlos Lacerda condecorou os Onze Homens de Ouro da polícia, e a repressão decorrente da instauração da ditadura empresarial-militar de 1964 difundiu tal modo de atuação marginal, classificando negros, pobres, moradores de periferia, militantes sociais, defensores

14

EM DEFESA DA VIDA NO ESTADO POLICIAL

de direitos humanos em vidas matáveis, seja pela atuação justificada de agentes públicos, seja por "colaboradores do aparato repressivo" em suas próprias razões. O livro alerta os movimentos sociais e ativistas para a onda de criminalização. Ainda que nenhuma conduta ilícita seja praticada, o sistema de justiça pode considerar crime a mera reunião, imputando-lhe a intenção de prática de crimes. A história recente do Brasil nos dá exemplos disso. A criminalidade paraestatal tem diversas feições, dependendo do lugar e dos interesses em razão dos quais se organiza. Mas, em comum, pode conter relação com agentes públicos da área de justiça e segurança, com que ganham maior capacidade de ação, recursos e mobilidade. Daí é que militantes de causas sociais, como ativistas pelos direitos humanos, nem sempre podem contar com a defesa dos meios institucionais. Por vezes as instituições estão aparelhadas para a defesa do indefensável e nada distingue a ação de certos agentes estatais com as daqueles que deveriam ser objeto de suas atuações.

No Estado do Rio de Janeiro, os assassinatos da juíza Patrícia Acioli e da vereadora Marielle Franco demonstram o quanto são bem articulados os grupos de matadores. A juíza Patrícia Acioli não teria sido executada se os que deveriam velar pela sua segurança não a tivessem jogado às feras. Ao lhe recusarem segurança deram demonstração aos seus algozes de que ela não tinha apoio institucional. No caso de Marielle somente investigações adequadas poderão chegar aos que mandaram matá-la, bem como aos motivos almejados com tal execução. Talvez a execução de Marielle tenha sido

ESTADO POLICIAL

encomendada para criar transtornos como os narrados no livro relativos aos episódios do gasômetro e do Riocentro e atingir outros objetivos ainda não esclarecidos.

Da execução de Patrícia Acioli ainda se pode dizer que parte da mídia tentou desviar a atenção e preparar a opinião pública para aceitar a versão de crime passional cometido por seu ex-companheiro. Dois jornais cariocas se colocaram em posições antagônicas. Um deles estampou manchete dizendo que a juíza tinha "PMs na mira e na vida privada". O outro apostou que fora uma execução em razão do trabalho que ela exercia no tribunal do júri e que desagradava aos matadores. Foi apurado que os matadores eram agentes públicos, que o crime fora cometido com armas e munição do Estado e que o comandante do Batalhão estava envolvido.

No eclodir do ovo da serpente, resultando no Estado policial, os alvos potenciais devem estar atentos e tomar todos os cuidados. O livro contribui com isso.

Tendo se oposto à ditadura empresarial-militar implantada em 1964 e radicalizada a partir da decretação do AI-5 em 1968, o autor tem larga experiência na relação com as instituições formais e seus aparatos paraestatais. Isso lhe dá a oportunidade de teorizar sobre medidas de segurança, com a vivência indispensável para relatar o que é mais eficiente e o que é mais arriscado. Torturado durante o período na prisão no quartel da Polícia do Exército da rua Barão de Mesquita, na Tijuca, Cid Benjamin distingue os conceitos de maus-tratos e tortura. Para quem foi torturado de modo bárbaro faz sentido distinguir-se daqueles que sofreram apenas humilhações. Mas é sempre preciso lembrar que não é

EM DEFESA DA VIDA NO ESTADO POLICIAL

o grau da tortura que caracteriza sua prática. Tortura é todo constrangimento com emprego de violência ou grave ameaça, causando sofrimento físico ou mental com o fim de obter informação, declaração ou confissão da vítima ou de terceira pessoa, para provocar ação ou omissão de natureza criminosa. A distinção feita é importante. Seja a tortura física ou moral, o militante de causas sociais deve estar ciente dos riscos num Estado policial, bem como entender suas gradações a fim de se prevenir ou buscar manter o moral elevado em caso de adversidade. Não raro, diante de situações adversas, uma pessoa fragilizada é capaz de se desmontar e passar a fazer precisamente o que deseja o torturador. O livro ajuda a entender essa gradação e a suportar a adversidade até um momento mais adequado.

Cid Benjamin começa o livro apresentando sua preocupação com a defesa da vida e termina, de forma poética, citando Chico Buarque com a frase "amanhã vai ser outro dia", que pode ser um alento em tempos difíceis e o recurso para que continuemos na defesa dos valores que nos caracterizam como humanos, apesar do ovo da serpente e do que dele pode eclodir. "Vamos juntos", em defesa da vida, fazer esse ovo gorar.

A SERPENTE DO FASCISMO ESTÁ ATIVA

DOM ANGÉLICO SÂNDALO BERNARDINO[3]

Alegria, honra, para mim, dizer palavras de incentivo à leitura deste novo livro do professor e jornalista Cid Benjamin: *Estado policial: como sobreviver*. Faço-o na qualidade de jornalista, padre, bispo que viveu em Ribeirão Preto e São Paulo, durante os anos de chumbo da ditadura civil-militar iniciada em 1964 e que persistiu durante longos anos rasgando a Constituição, pisando na liberdade, aprisionando, caluniando, exilando, torturando, matando muita gente! Tenho sempre em mente os sofrimentos, entre tantos outros, de dom Adriano Hypólito, bispo de Nova Iguaçu, de dom Helder Camara, arcebispo de Olinda e Recife, de minha irmã madre Maurina Borges Silveira, diretora do Lar Sant'Ana, em Ribeirão Preto, presa e exilada.

A leitura do livro de Cid Benjamin me leva também ao *Brasil: nunca mais*, iniciativa de dom Paulo Evaristo Arns, da qual participaram o rabino Henry Sobel, o pastor Jaime Wright e outros, e se faz urgente no Brasil de agora.

---

3. Bispo emérito da Diocese de Blumenau (SC).

ESTADO POLICIAL

Nos dias que correm, a *serpente* ressurge ativa, semeando ovos de fascismo, discriminações, ódios, prisões arbitrárias, em muitas partes do mundo, inclusive em nosso amado Brasil. Ao recomendar o livro de Cid Benjamin, não o faço por ideologia. Posiciono-me também contra a desenfreada ação de milícias, grupos paramilitares responsáveis por inúmeras violências; manifesto-me contra cortes na educação, homenagens ao golpe de 1964 e elogios a conhecidos torturadores. Posiciono-me a favor do combate à corrupção; a favor de urgentes reformas, com a condição de que não prejudiquem os trabalhadores que recebem o miserável salário mínimo – os trabalhadores rurais, quilombolas, indígenas –, mas comecem pelos banqueiros, grandes industriais e marajás da República.

Numa palavra, minha postura se firma nos ensinamentos de Jesus, mensageiro de um Deus que é PAI, fazendo de todos os homens e mulheres IRMÃOS, nas imensas diferenças existentes, dando-nos o seu mandamento: AMAI-VOS uns aos outros como eu vos tenho amado. A realidade, porém, demonstra que o capitalismo liberal não promove economia solidária, mas escandalosas desigualdades sociais. (Como advertência, o mesmo se diga dos chamados "males do comunismo", porque não poucos – por ignorância ou deslavada desonestidade intelectual – acusam de comunistas ou esquerdistas os que defendem os ensinamentos de Jesus presentes nos Evangelhos e na Doutrina Social da Igreja). Porque Jesus optou claramente pelos excluídos, por humanidade fraternizada. Foi caluniado, preso, torturado e morto pelo tríplice poder de então: religioso (sinédrio), econômico (saduceus) e

20

A SERPENTE DO FASCISMO ESTÁ ATIVA

político (romanos). Ele, vencedor da morte, nos deu a sua PAZ, que não se constrói com armas nas mãos do Povo, mas com diálogo franco, justiça, solidariedade, amor.

Como o autor, e encorajado por palavras e gestos do papa Francisco, considero urgente o apoio aos militantes dos movimentos populares, que lutam pacificamente por autêntica democracia, por Estado de Direito. A leitura deste livro nos convida à resistência, ao combate à serpente. Aliás, uma mulher, a Mãe de Jesus, já profetizou a derrota da serpente quando afirmou que Deus "depôs poderosos de seus tronos, e a humildes exaltou. Cumulou de bens a famintos e despediu ricos de mãos vazias" (Lc 1:52-53). *Estado policial* leva-nos ainda "à consciência de que uma existência digna e uma convivência fraterna entre todos tem a sua maior ameaça no fascismo, a mais desumana manifestação do capitalismo", conforme se lê neste livro.

É o momento de o Povo consciente, organizado, com fome e sede de justiça sair às ruas e praças, como nos tempos da ditadura de 1964, reivindicando direitos e proclamando: "O Povo unido jamais será vencido." Povo que não se deixa enganar por falsas promessas, por declarações mentirosas em grandes meios de comunicação social e na mídia moderna. Povo que acolhe, nestes árduos tempos, as sempre perenes palavras de dom Paulo Evaristo: "Coragem! Vamos avante, de esperança em esperança, na esperança sempre."

CONSIDERAÇÕES INICIAIS

No dia 21 de dezembro de 2018, foi morto com três tiros na cabeça o policial militar João Maria Figueiredo da Silva, na Região Metropolitana de Natal. Defendendo posições de esquerda, ele trabalhava na segurança da governadora do Rio Grande do Norte, Fátima Bezerra (PT). Era, também, um dos líderes do grupo Policiais Antifascismo, com atuação em todo o território nacional. Os assassinos levaram a sua arma, deixando no local do atentado a moto que ele conduzia e a carteira com dinheiro e documentos.

Além da militância de Figueiredo, outro fator aponta para a certeza de que não foi um crime comum: os matadores lhe deram tiros de misericórdia usando a sua própria pistola policial e tiveram o cuidado de recolher as cápsulas expelidas pelas armas usadas.

Menos de três meses depois, em 12 de março de 2019, dois dias antes de se completar o primeiro aniversário do assassinato da vereadora carioca Marielle Franco (PSOL), a polícia prendeu dois ex-PMs, como executores do crime. Eles são vinculados a milícias. Ficou pendente, no entanto, o mais importante: descobrir os mandantes. Sobre isso nada se disse.

ESTADO POLICIAL

A execução de Marielle foi o crime de maior repercussão entre os cometidos por milicianos. Mas as atividades criminosas desses grupos paramilitares vêm de longe. As milícias se expandiram geograficamente, diversificaram suas atividades e se tornaram organizações semelhantes às máfias italianas. Estão presentes sobretudo no estado do Rio de Janeiro, onde controlam extensas áreas da capital e de seu entorno, mas têm similares em outras unidades da federação.

No início de 2019, as milícias já controlavam 26 bairros e 165 favelas da capital carioca, o que corresponde a áreas com dois milhões de habitantes – um quarto da população da cidade. Além dessa presença na capital, as milícias existem em mais catorze municípios do estado.[4]

A partir da posse de Jair Bolsonaro (PSL) na Presidência da República, aumentou a preocupação com a possibilidade de crescimento desses grupos paramilitares. Afinal, eles contam com a simpatia do presidente, e alguns milicianos gozam da intimidade de sua família.[5] Não bastasse isso, o processo eleitoral – campanha e eleição de Bolsonaro – teve o efeito de destampar um ódio que parecia estar acumulado, estabelecendo um clima de intolerância muito preocupante na sociedade.

O apoio a paramilitares e a grupos de extermínio tem sido marca da vida política de Bolsonaro. Um exemplo é seu discurso na Câmara dos Deputados, em agosto de 2003, no qual ele defende a vinda de matadores da Bahia para o Rio de Janeiro:

---

4. Disponível em: <https://oglobo.globo.com/rio/milicias-chegam-26-bairros--do-rio-a-outras-14-cidades-do-estado-23563315>.
5. Disponível em: <https://theintercept.com/2019/01/22/bolsonaros-milicias/>.

CONSIDERAÇÕES INICIAIS

> Quero dizer aos companheiros da Bahia – há pouco ouvi um parlamentar criticar os grupos de extermínio – que enquanto o Estado não tiver coragem de adotar a pena de morte, o crime de extermínio, no meu entender, será muito bem-vindo. Se não houver espaço para eles na Bahia, podem ir para o Rio de Janeiro. Se depender de mim, terão todo o apoio, porque no meu estado só as pessoas inocentes são dizimadas.[6]

Não se pode acusar de modo direto o presidente pelos crimes de milicianos e de grupos de extermínio. Mas seus afagos aos paramilitares, somados a homenagens a torturadores e assassinos de presos políticos na ditadura, podem servir de estímulo a novos atentados. Além disso, Bolsonaro já fez, publicamente, a defesa da eliminação física de ativistas de esquerda, coisa que, a seu juízo, o regime militar iniciado em 1964 não praticou na escala necessária.[7]

Não por acaso, nos três meses iniciais do governo Bolsonaro, cresceu de forma significativa o número de pessoas mortas por intervenção policial. De janeiro a março de 2019, houve 434 óbitos decorrentes de ações policiais apenas no estado do Rio de Janeiro, numa média de sete por dia. Para efeito de comparação, em 2018, foram 368. E a média de mortes por intervenção policial no mesmo período do ano na década anterior é de 206, número já altíssimo.[8]

---

6. Disponível em: <https://jornalggn.com.br/noticia/xadrez-do-fim-do-governo-bolsonaro-por-luis-nassif>.

7. Disponível em: <www.youtube.com/watch?v=6_catYXcZWE>.

8. Disponível em: <https://g1.globo.com/rj/rio-de-janeiro/noticia/2019/05/03/rj-bate-recorde-na-apreensao-de-fuzis-em-2019-numero-de-mortes-por-intervencao-policial-e-o-maior-nos-ultimos-20-anos.ghtml>.

No campo, a situação também é muito grave. Coincidência ou não, já no primeiro mês do governo, aumentou a quantidade de ataques de jagunços para expulsar indígenas de suas terras.

Continua, ainda, aumentando ano a ano o número de assassinatos de líderes das lutas pela reforma agrária e pelos direitos dos atingidos por barragens.[9] Segundo o último levantamento disponível da Comissão Pastoral da Terra (CPT), em 2017 houve 71 mortes de trabalhadores rurais e indígenas por conflitos fundiários. Na maioria deles, os responsáveis não foram punidos.

O quadro, com certeza, vai se agravar caso seja aprovada uma lei isentando de punição donos de terras que matarem ou mandarem matar "invasores", mesmo que esses estejam desarmados. A proposta foi defendida por Bolsonaro em abril de 2019, encampada ardorosamente pelos chamados "ruralistas" e seus representantes políticos. Ela distorce o princípio de legítima defesa – situação na qual a lei permite ao ameaçado matar alguém em defesa da sua vida – e afirma o "excludente de ilicitude" também para a defesa da propriedade.[10]

É curioso não ter sido cogitado pelos adeptos da ideia o fato de que, caso ela se torne lei, dará o direito aos indígenas de matar invasores de suas terras. Talvez a possibilidade não tenha sido pensada porque, a rigor, essas pessoas não incluam os indígenas no conceito de donos de terras.

---

9. Disponível em: <http://www.epsjv.fiocruz.br/noticias/reportagem/relatorio-
-aponta-violacoes-aos-atingidos-por-barragens>.
10. Disponível em: <https://oglobo.globo.com/brasil/especialistas-criticam-
-projeto-de-bolsonaro-para-evitar-punicao-fazendeiros-que-atirarem-em-
-invasor-23631110>.

CONSIDERAÇÕES INICIAIS

A proposta de Bolsonaro causou justificada preocupação entre os defensores de direitos humanos: "Boa parte das ocupações acontecem para alertar para o crime de grilagem ou para crimes ambientais [...]. Esse projeto é a legalização do crime organizado", afirmou a coordenadora nacional da CPT, Isolete [Wichinieski].[11]

O fato é que execuções políticas no campo tendem a ganhar uma nova dimensão.

Assassinatos políticos não podem ser vistos como "alguns homicídios a mais", entre os incontáveis que já acontecem no país. Qualquer vida humana tem o mesmo valor – e um valor incomensurável –, mas assassinatos políticos mostram que a democracia e o Estado de Direito estão sendo feridos de morte. São inadmissíveis.

Daí surgiu a ideia deste livro.

E, não à toa, essa ideia veio quando começou o governo Bolsonaro. Momento em que – tomando emprestada a metáfora do cineasta sueco Ingmar Bergman, usada como título de seu magistral filme que retrata a ascensão do nazismo na Alemanha – o ovo da serpente do fascismo ganha corpo e traz novas ameaças aos militantes pelos direitos humanos, à democracia e à justiça social.

O livro tem o objetivo de contribuir para a proteção desses lutadores e de suas organizações, alvos potenciais de violência e de atentados por parte de agentes do Estado agindo fora da lei, como ocorreu no regime militar, ou de milicianos organizados como grupos paramilitares.

---

11. *Ibidem.*

ESTADO POLICIAL

Assim, é recuperada a experiência da resistência à ditadura e são lembrados tanto os métodos de proteção usados pelos perseguidos políticos, como as formas de atuação dos órgãos de repressão.

O objetivo do livro não é, evidentemente, colocar entraves à ação de órgãos policiais, sempre que ela se der nos marcos da lei, mas proteger militantes e ativistas.

Não se pode prever o desdobramento da situação política com Bolsonaro na Presidência da República, mas seria positivo se as preocupações que levaram à confecção deste livro não se justificassem e que o esforço de redigi-lo tivesse sido em vão.

Seria uma demonstração de que a democracia brasileira e o Estado de Direito estavam mais sólidos do que aparentavam, e de que o ovo não gerou a temida serpente.

Mas o livro pretende, também, atender a uma preocupação mais ampla.

Ele expressa a consciência de que uma existência digna e uma convivência fraterna entre todos têm a sua maior ameaça no fascismo, a mais desumana das manifestações do capitalismo. Assim, é um livro que toma partido, não fazendo segredo disso.

É, por isso, também um livro em defesa da vida, da liberdade, da democracia e da justiça social – elementos fundamentais numa proposta da esquerda digna desse nome.

1. ATENTADOS AO LONGO DA HISTÓRIA

Atentados de paramilitares não acontecem necessariamente quando já estão instalados regimes de força. Eles podem ocorrer, também, quando há governos de perfil democrático e aparente respeito ao Estado de Direito. Mas, se isso se dá, quase sempre é porque os governos não se dispõem a combatê--los de forma séria. Ou – situação ainda mais grave – quando o governo simpatiza com ações dos paramilitares e lhes dá cobertura, velada ou não.

Não é impossível situações como as citadas acima se conformarem no Brasil de Bolsonaro.

Na história recente do país, atos de paramilitares aconteceram sobretudo em dois momentos. O primeiro, no fim dos anos 1960, quando a ditadura não tinha unificado e aperfeiçoado seus órgãos de repressão política, e a chamada linha dura ainda não tinha assumido o controle do aparelho de Estado.

O regime militar via como parceiros os autores de crimes contra ativistas da oposição democrática, e estes se sentiam à vontade para cometer atentados, certos da impunidade.

ESTADO POLICIAL

Foi assim em maio de 1968, no caso do sequestro, seguido de tortura e morte, do padre Antônio Henrique Pereira Neto, assessor de dom Helder Camara, em Pernambuco. O crime teve o objetivo de intimidar dom Helder, então arcebispo de Olinda e Recife, que desenvolvia um trabalho na linha da chamada Teologia da Libertação. O padre Henrique, como era conhecida a vítima do atentado, participava da Pastoral da Juventude.

O inquérito referente ao assassinato foi aberto, arquivado, reaberto e novamente arquivado várias vezes, não tendo sido concluído. As investigações foram retomadas pela Comissão da Verdade no governo Dilma Rousseff (PT) e apontaram para a participação de policiais lotados na Secretaria de Segurança Pública de Pernambuco. Mas ninguém foi punido.[12]

Aconteceu, também, na mesma época, o espancamento dos artistas da peça *Roda viva*, de autoria de Chico Buarque, em São Paulo, em meio ao espetáculo teatral. O ataque foi realizado por policiais do Dops (Departamento de Ordem Política e Social) de São Paulo ligados a dois grupos paramilitares: o MAC (Movimento Anticomunista) e o CCC (Comando de Caça aos Comunistas).[13]

Esses crimes, e outros do tipo, contaram com a cobertura do regime militar e não foram investigados. Já na época existia cumplicidade entre paramilitares e integrantes de organismos policiais. Membros do MAC e do CCC integra-

---

12. Disponível em:<http://g1.globo.com/pernambuco/noticia/2014/05/comissao-da-verdade-diz-que-padre-henrique-foi-vitima-de-crime-politico.html>.
13. Disponível em: <https://www.metropoles.com/colunas-blogs/tipo-assim/ha-50-anos-a-ultradireita-violentou-roda-viva-de-chico-buarque>.

ATENTADOS AO LONGO DA HISTÓRIA

vam órgãos de segurança, alguns deles lotados nos Dops, as polícias políticas estaduais.

Outro atentado terrorista de grande porte foi frustrado pela coragem do capitão Sérgio Miranda de Carvalho, conhecido como Sérgio Macaco, que era lotado no Para--SAR, uma unidade de elite da Aeronáutica. Em 1968, momento de grandes manifestações estudantis contra a ditadura, o capitão Sérgio denunciou um plano criminoso de alguns de seus superiores, brigadeiros da Força Aérea. O projeto consistia em sequestrar e, de aviões oficiais, jogar em alto-mar líderes estudantis e outras personalidades da resistência democrática. Além disso, os terroristas de farda tinham intenção de explodir o gasômetro de São Cristóvão, no Rio, na hora do rush. Se consumada essa barbaridade, morreriam dezenas de milhares de pessoas. O objetivo era culpar grupos de esquerda, tentando criar condições políticas para um massacre generalizado dos opositores da ditadura. Houve um único punido no episódio: o capitão Sérgio, que foi passado para a reserva.[14]

A partir do início dos anos 1970, os próprios órgãos de repressão política se encarregaram de perseguir, sequestrar, torturar e assassinar opositores. Foram criados os DOI-Codi (Destacamento de Operações de Informações – Centro de Operações de Defesa Interna). Sob o comando do Exército, os DOI-Codi passaram a atuar nos principais centros do país, sendo formados por integrantes das três Forças Armadas, da

---

14. Disponível em: <https://acervo.oglobo.globo.com/em-destaque/capitao-sergio-macaco-se-nega-explodir-gasometro-no-rio-evita-caca-oposicao-21984331>.

ESTADO POLICIAL

Polícia Federal, das polícias estaduais e de outros órgãos, centralizando o trabalho de repressão aos adversários do regime militar.

É quando começam, de fato, os chamados "anos de chumbo". O AI-5 tinha se encarregado de pôr fim a qualquer resquício de democracia no país. E a proibição de *habeas corpus* para acusados de delitos políticos deixava os presos à mercê dos carcereiros, pelo tempo e nas condições em que estes últimos desejassem. Era o sinal verde para a tortura.

Os DOI-Codi passaram a sequestrar, torturar e, por vezes, assassinar opositores. Embora os atos avulsos de paramilitares não tenham cessado inteiramente ao longo dos anos 1970, eles acontecem com menor frequência. Ressurgiram no fim da década e no início dos anos 1980, no último período da ditadura, quando integrantes dos DOI-Codi realizaram ações criminosas com o intuito de desestabilizar os projetos de distensão e de abertura política dos generais ditadores Ernesto Geisel e João Figueiredo.

Mas, já em 1976, houve um atentado contra uma figura expressiva do setor progressista da Igreja Católica. Dom Adriano Hypólito, bispo de Nova Iguaçu, foi sequestrado, espancado, pintado de vermelho e abandonado nu em uma estrada.[15]

Entre os atos de terrorismo de responsabilidade dos criminosos do DOI-Codi, o de maior repercussão foi o atentado frustrado ao show de Primeiro de Maio, no Riocentro, no Rio de Janeiro, realizado no dia 30 de abril de 1981. Era um momento

---

15. Disponível em: <https://acervo.oglobo.globo.com/em-destaque/dom-adriano-hypolito-bispo-de-nova-iguacu-sequestrado-torturado-em-76-20160361>.

ATENTADOS AO LONGO DA HISTÓRIA

de reorganização do movimento sindical e foi promovido um grande espetáculo de música popular, com os mais importantes artistas brasileiros, que se apresentaram gratuitamente para que a renda fosse destinada a entidades de trabalhadores.

O plano dos terroristas do DOI-Codi era macabro. Uma vez iniciado o show, eles trancariam com correntes as portas do Riocentro, bloqueando a saída de qualquer pessoa, explodiriam a central de energia, deixando o local às escuras, e detonariam bombas dentro do recinto, em meio à plateia. Milhares de pessoas se veriam às escuras, em pânico e sem poder sair, com dezenas ou centenas delas feridas ou mortas por bombas. É incalculável o número de vítimas que teria havido se o atentado se consumasse.

A intenção dos criminosos era responsabilizar segmentos da esquerda que tinham participado da resistência armada à ditadura pela tragédia e, assim, causar dificuldades para o processo de abertura política. Registre-se que, àquela altura, as organizações de esquerda que, no fim da década de 1960 e na primeira metade dos anos 1970, defenderam ou praticaram a luta armada estavam destruídas ou haviam abandonado essa perspectiva.

O atentado foi abortado porque, antes de ser deixada na casa de força, uma bomba explodiu no colo de um dos terroristas: um sargento lotado no DOI-Codi do Rio.

Nem mesmo depois desse fiasco que os deixou descobertos os responsáveis pelos atos de terrorismo foram punidos. Houve um acordo por baixo dos panos entre o general Figueiredo e a parte da cúpula militar vinculada à extrema direita. Em troca da impunidade dos praticantes desse e de outros crimes, cessaram os ataques a bancas de jornais e os atentados a personalidades da luta democrática. Mas ficaram impunes os responsáveis pelos atos terroristas já efetuados, entre eles os que causaram a morte de Lyda Monteiro, secretária do presidente da OAB nacional, e a mutilação de um assessor do vereador Antônio Carlos de Carvalho (MDB).

A série de atentados e seu desfecho confirmaram que não existe onda de crimes de paramilitares sem a tolerância (ou a participação, direta ou indireta) do aparelho de Estado.

Ainda para melhor caracterizar ações de paramilitares, vale lembrar três situações ocorridas em outros países.

A primeira é o assassinato de Rosa Luxemburgo e Karl Liebknecht, na Alemanha, em 1919. Submetido a condições escorchantes no Tratado de Versailles, um ano depois de encerrada a Primeira Guerra Mundial, o país se afundava numa gigantesca crise econômica e social. À sua frente estava um governo social-democrata de direita, fraco e sem autoridade, receoso do fortalecimento do movimento operário e da esquerda. Foi a chamada República de Weimar, período de fortalecimento da extrema direita que, apoiada na ação de paramilitares, desaguaria na ascensão e na consolidação do nazismo. Com a tolerância do governo, integrantes de grupos intitulados Freikorps, formado predominantemente por veteranos de guerra, cometeram atentados políticos. O mais importante deles foi o sequestro e o assassinato de Rosa e Liebknecht, dirigentes socialistas reconhecidos internacionalmente e líderes da Liga Espartaquista, uma corrente da esquerda alemã.

ATENTADOS AO LONGO DA HISTÓRIA

Outro exemplo significativo de crimes executados por paramilitares aconteceu na Argentina, com a chamada Triple A (Aliança Anticomunista Argentina), na década de 1970. A organização começou a operar em 1973, quando do retorno do presidente Juan Domingo Perón ao país, e esteve em franca atividade até a derrubada de Isabelita Perón, em 1976, por um golpe de Estado que instaurou a ditadura militar. A partir daí as próprias Forças Armadas se encarregaram do extermínio de militantes e simpatizantes da esquerda.

Formada por policiais e ex-policiais, a Triple A tinha como chefe e inspirador um dos principais nomes do peronismo de direita, José López Rega. Segundo relatórios de entidades de defesa dos direitos humanos, a organização terrorista comprovadamente assassinou 1.122 pessoas, incluindo militantes, políticos de esquerda, artistas, estudantes, professores, juízes e outros funcionários públicos.[16]

Houve, ainda, a captura e a tortura, seguida de morte, de Patrice Lumumba, líder do Congo que se tornou símbolo das lutas de libertação da África. O crime foi cometido por mercenários africanos que atuavam em defesa de interesses belgas naquele país.

Por fim, registre-se que foram lembrados aqui crimes emblemáticos com características de atentados políticos, deixando-se deliberadamente de lado episódios como o assassinato de 21 adolescentes na Candelária, no Rio de Janeiro,

---

16. Conadep, Informe Nunca Más, Capítulo II, Título Primero: Víctimas. Disponível em: <http://www.desaparecidos.org/nuncamas/web/investig/articulo/nuncamas/nmas0001.htm>.

em julho de 1993, e o massacre de Eldorado dos Carajás, no Pará, em 16 de abril de 1996, que vitimou dezenove trabalhadores sem-terra. Estes foram crimes resultantes de outro fenômeno: a brutalidade da polícia e a certeza da impunidade que terão seus crimes contra os pobres.

2. A CRIMINALIZAÇÃO DO MOVIMENTO POPULAR E DE ORGANIZAÇÕES DE ESQUERDA

Uma das ameaças que pairam sobre as lutas populares é a tentativa de criminalizá-las. Isso já vem sendo feito no Brasil e tende a se intensificar no governo Bolsonaro. Fere de maneira frontal a democracia porque tenta impedir o exercício dos direitos de manifestação e crítica ao governo ou a algumas de suas políticas. Pressões do movimento de massa são parte integrante do cenário em qualquer regime democrático.

Arsenal jurídico para essa criminalização já existe. Não seria preciso aprovar novas leis repressivas, como de vez em quando propõe algum deputado de extrema direita, alinhado a Bolsonaro.

Para começar, continua vigente a Lei de Segurança Nacional (LSN, Lei 7170/83) que, na verdade, é a versão mais recente de uma legislação antidemocrática surgida nos anos 1930 e que foi sendo alterada ao longo dos tempos. Em 1983, o general João Batista Figueiredo sancionou suas últimas mudanças, modificando alguns aspectos mais duros do

ESTADO POLICIAL

período da ditadura militar. Mesmo com o fim da ditadura, ela continuou em vigor, sendo aplicada pela Polícia Federal e pelo Ministério Público Federal.

Não bastasse isso, a presidente Dilma Rousseff ampliou o arsenal jurídico para a repressão política, aprovando a chamada Lei das Organizações Criminosas, que serve, também, para criminalizar lutas populares. Como acontece de modo frequente com leis repressivas antidemocráticas, tanto ela como a LSN não determinam com clareza os crimes a serem punidos, de forma a permitir sua utilização de maneira ampla e quase indiscriminada.

Assim, por exemplo, a lei sancionada por Dilma considera "organização criminosa a associação de quatro ou mais pessoas [...] com objetivo de obter, direta ou indiretamente, vantagem de qualquer natureza, mediante a prática de infrações penais cujas penas máximas sejam superiores a quatro anos [...]." Pode ser punido por essa lei "quem promove, constitui, integra, pessoalmente ou por interposta pessoa, uma organização criminosa".[17]

Como se vê, uma lei como essa, cuja justificativa para aprovação era, como se alegou, o combate a organizações mafiosas, pode ser usada contra um espectro muito mais amplo de supostas infrações, prevendo duras penas.

Líderes do movimento popular já vêm sendo alvos da sanha repressiva desde antes da eleição de Bolsonaro. Guilherme Boulos – dirigente do Movimento dos Trabalhadores

---

17. Disponível em: <http://www.planalto.gov.br/ccivil_03/_ato2011-2014/2013/lei/l12850.htm>.

A CRIMINALIZAÇÃO DO MOVIMENTO POPULAR

Sem Teto (MTST), da Frente Povo Sem Medo e candidato a presidente da República, em 2018, pelo PSOL – recebeu, no início de 2019, duas intimações referentes a episódios antigos, configurando claramente tentativas de intimidação.[18]

Uma delas, ainda em fase de inquérito policial, é uma acusação de peculato, envolvendo um ato público ocorrido sete anos antes, em apoio a uma ocupação de terra em Embu das Artes, na Região Metropolitana de São Paulo. Na ocasião, ao se encerrar um ato pacífico, foram feitos dois pedidos ao prefeito local: o envio de um carro-pipa, pois os ocupantes do terreno estavam sem qualquer infraestrutura, e a cessão de um ônibus para levar de volta às suas casas idosos e deficientes físicos que tinham ido à manifestação prestar solidariedade aos ocupantes. Os pedidos foram atendidos e não houve problema.

Tempos depois, o atendimento a esses dois pleitos gerou um inquérito contra o prefeito e... contra Boulos, acusados de peculato, ou seja, desvio de dinheiro público. Qualquer leigo vê a improcedência dessa acusação. Ainda menos procedente contra Boulos, que não era funcionário público e não tinha possibilidades de ordenar despesas.

Outra tentativa de intimidação a Boulos vem da Advocacia-Geral da União (AGU), cobrando-lhe R$ 100 mil, a título de reparação de danos provocados por uma manifestação de rua, em 2017, contra a proposta de reforma de Previdência

---

18. Disponível em: <https://epoca.globo.com/boulos-recebe-ameacas-intimacoes-judiciais-de-casos-do-passado-ve-clima-politico-para-coloca-lo-na--cadeia-23457639>.

enviada pelo então presidente Michel Temer.[19] Boulos estava na manifestação, mas longe dos locais em que ocorreram os danos citados. Nada de seu discurso pode ser apontado como incitação à violência. Essa manifestação da AGU chegou a Boulos em fevereiro de 2019, justo quando Bolsonaro enviou nova proposta de reforma da Previdência ao Congresso. Terá sido coincidência?

Há, ainda, uma terceira acusação contra Boulos, já em fase de processo judicial, relacionada a conflitos na desocupação de um terreno na localidade de Pinheirinho, São José dos Campos (SP), em janeiro de 2012. Era uma ocupação de vulto, existente desde 2004, há quase oito anos portanto, numa área de 1,3 milhão de metros quadrados. O número de participantes era estimado entre seis mil e nove mil pessoas. Ao longo do tempo, os ocupantes tinham criado várias associações de moradores, sete igrejas, estabelecimentos comerciais, espaços de lazer e uma grande praça. O terreno, que estava abandonado há anos, era reivindicado pela massa falida de uma empresa cujo proprietário era Naji Nahas, conhecido especulador financeiro e apontado como responsável pela quebra da Bolsa de São Paulo, em 1989. Preso e processado, em outubro de 1997 Nahas foi condenado a mais de 24 anos de prisão, além de uma multa, por crimes contra a economia popular e o sistema financeiro.

Pois bem, foi dada pela Justiça a ordem de reintegração de posse. A desocupação foi extremamente violenta. Participaram

---

19. Disponível em: <https://republicadecuritiba.net/2019/02/18/governo-
-cobra-que-boulos-pague-por-prejuizo-causado-em-atos-de-vandalismo-contra-
-reforma-da-previdencia/>.

A CRIMINALIZAÇÃO DO MOVIMENTO POPULAR

dela dois mil policiais militares, além de guardas civis. Foram usados dois helicópteros, carros blindados, balas de borracha e munição letal. Dezenas de pessoas foram feridas e hospitalizadas, inclusive mulheres e crianças. Uma das vítimas, espancada por policiais, morreu três meses depois num hospital.

Como dirigente do MTST, Boulos esteve presente para manifestar solidariedade aos ocupantes. Mas, depois, foi acusado de ter estimulado a ocupação e a resistência à operação policial, apesar de o movimento do qual é dirigente sabidamente não ter tido envolvimento com os fatos.

O principal dirigente do MST (Movimento dos Trabalhadores Rurais Sem Terra), João Pedro Stédile, é outro líder popular que tem sido alvo de tentativas de intimidação. Foi denunciado com base na LSN por suposta participação num protesto no qual foram danificados laboratórios e mudas de eucaliptos da Aracruz Celulose, em março de 2006. O ato foi realizado por mulheres da Via Campesina, e Stédile comprovadamente, não estava presente. Apesar de reconhecer esse fato, o Ministério Público pediu sua condenação. É como na fábula do lobo e do cordeiro, de La Fontaine.

A propósito, em outubro de 2018, ainda no governo Michel Temer, a Justiça condenou quatro ativistas da luta por reforma agrária na Bahia por fazerem parte de uma "organização criminosa". A organização era o MST.

É clara a intenção do governo Bolsonaro e de parcelas do Judiciário de criminalizar o movimento popular. O presidente não faz segredo disso e, inclusive, já ameaçou pôr na ilegalidade entidades como o MST e o MTST, além de partidos como o PSOL e o PT.

ESTADO POLICIAL

Para esse processo de criminalização são utilizados pretextos variados. Entre eles, quebra-quebras em manifestações de rua, mesmo que não estimulados pelos organizadores dos atos, ocorridos à sua revelia ou, até mesmo, praticados apesar de sua condenação explícita.

Alguns desses quebra-quebras foram sabidamente iniciados por policiais infiltrados, arrastando ativistas de boa-fé. Dão, assim, pretexto tanto para a criminalização de atos políticos quanto para violências policiais (como se a Polícia Militar precisasse de alguma razão para espancar manifestantes). Mas não houve qualquer caso de os organizadores das manifestações estimularem ou apoiarem tal comportamento.

A participação de agentes policiais provocadores foi argumento decisivo na defesa de 23 ativistas condenados à prisão por supostos atos de vandalismo ocorridos nas manifestações contra a realização da Copa do Mundo, em 2014. A 2ª Turma do Supremo Tribunal Federal (STF) considerou, por unanimidade, ilegal a prova usada para condená-los. Era o depoimento de um policial infiltrado, que estimulou os quebra-quebras. O STF considerou, também, que a presença de um policial infiltrado era uma violação das leis e dos procedimentos legais de investigação. Os 23 acusados já tinham sido condenados em primeira instância, inclusive por formação de quadrilha e corrupção de menores (!), mas o julgamento foi anulado.

Na mesma época, numa manifestação de críticas a políticas implementadas por Michel Temer, em São Paulo, foi identificado outro infiltrado, dessa vez vindo do Exército: o capitão William Botelho. Ele estimulou quebra-quebras e ajudou a

A CRIMINALIZAÇÃO DO MOVIMENTO POPULAR

colher provas para incriminar dezoito jovens que acabaram presos. Foi desmascarado pelos próprios ativistas. O fato foi amplamente noticiado nos jornais da época.[20]

Outra linha de ataque é a promovida por setores do tal movimento fascistoide denominado Escola Sem Partido, que tenta intimidar professores considerados "esquerdistas". Como se sabe, esse movimento tenta transformar estudantes em alcaguetes nas escolas, estimulando-os a gravar as aulas para acusações aos professores.

Como elemento de defesa, surgiu uma boa iniciativa de parte de um conjunto de entidades: o *Manual de defesa contra a censura nas escolas*. Os interessados podem encontrá-lo na internet.[21]

Por isso tudo, é preciso que o movimento popular e seus ativistas estejam alertas para essas tentativas de criminalização. Devem fazer a mais ampla denúncia das infiltrações policiais; denunciar a legislação autoritária que dá arsenal jurídico para as perseguições; divulgar os absurdos cometidos com base nessas leis (há pessoas condenadas por formação de quadrilha cujo "crime" foi participar de uma manifestação); e organizar campanhas na sociedade e no Congresso para revogá-las.

É conveniente, ainda, os movimentos populares estarem atentos para não cair em armadilhas que deem pretexto a condenações. Mais ainda num contexto em que o Judiciário

---

20. Disponível em: <https://jornalggn.com.br/justica/espiao-do-exercito--william-botelho-o-balta-entra-na-mira-do-mpf>.
21. Disponível em: <www.manualdedefesadasescolas.org.br> ou <www.manualcontraacensura.org.br>.

tem se mostrado parcial. É bom ouvir advogados, por exemplo, antes de efetuar ações mais ousadas. Ainda que, com todo o respeito à assessoria jurídica, não é ela que deve ter a palavra final sobre os encaminhamentos na luta política.

Outra providência que pode ser tomada é um pedido às seções estaduais da Ordem dos Advogados do Brasil (OAB) para que, em dias de atos públicos, suas comissões de Direitos Humanos mantenham plantões de advogados que possam atender manifestantes presos. Nas vezes em que isso foi feito, bons resultados foram alcançados.

Por fim, é bom saber que qualquer ativista preso numa manifestação de massas não pode ficar incomunicável. Tem o direito de telefonar para quem quiser, chamar um advogado e se negar a dizer algo aos policiais até que tenha assistência jurídica.

3. A EXPANSÃO DAS MILÍCIAS

Historicamente, o termo milícia tem uma conotação positiva. Era usado para designar grupos de civis que resistiam, muitas vezes sob a forma de guerrilhas, a uma ocupação militar estrangeira. Consta que, no Rio, o termo começou a ser usado para nomear grupos mafiosos por um motivo prosaico: a palavra "paramilitares" é muito extensa e dificultava os títulos das matérias jornalísticas. Daí o uso do termo "milícia", que se firmou.

De certa forma, as atuais milícias do Rio são sucessoras de antigos grupos de extermínio existentes há décadas na Zona Oeste da cidade e na Baixada Fluminense, região formada por municípios que são cidades-dormitório no entorno da capital. Eram chamados de "polícia mineira". Formados de modo predominante por policiais e ex-policiais, tinham também na sua composição alcaguetes, bombeiros (que, inexplicavelmente, no Brasil, têm permissão para portar armas de fogo) e setores de um lumpesinato que gravita em torno de policiais. Em suas áreas, agiam contra pequenos ladrões, sempre sem respeitar o direito legal. Às vezes, interferiam inclusive em brigas de casal ou desavenças de vizinhos.

ESTADO POLICIAL

Tal como as milícias, suas sucessoras, sempre atuaram como polícia, Justiça e carrascos, executando "sentenças" que iam de advertência a espancamento, expulsão do local ou morte. Desde seu surgimento, tinham vínculos com integrantes de organismos policiais e políticos que lhes davam cobertura em troca de apoio eleitoral.

O mais notório dos chefes desses grupos foi Tenório Cavalcanti, conhecido matador que chegou a ser eleito deputado estadual e federal. Dominava extensas áreas em Duque de Caxias, um dos municípios mais populosos da Baixada, e estendia a sua influência além daquela região nas décadas de 1950 e 1960. Tenório chegou a criar um jornal, *Luta Democrática*, em 1954. Sensacionalista e especializado em notícias sobre crimes, dele se dizia que, se espremido, escorreria sangue. No seu auge, em 1962, chegou a ter uma tiragem diária de 150 mil exemplares, sendo o terceiro jornal do Rio em circulação, atrás apenas de *O Globo* e de *O Dia*.

Tenório circulava em seus domínios com uma submetralhadora apelidada de Lurdinha, mal escondida por uma capa preta. Sempre teve relações com políticos e com a cúpula da polícia, o que lhe garantia certa proteção. A ele foram atribuídos pelo menos 25 crimes violentos. Figuras semelhantes, mas menos notórias, existiram em outras áreas da periferia do Rio, cumprindo papéis parecidos.[22]

Quando no início deste século as atuais milícias surgiram em comunidades pobres, também anunciavam ter como

---

22. Disponível em: <https://acervo.oglobo.globo.com/em-destaque/tenorio--cavalcanti-comandou-imperio-do-terror-na-baixada-fluminense-10614288>.

A EXPANSÃO DAS MILÍCIAS

objetivo o combate a traficantes que vendiam drogas no varejo e a delinquentes que cometiam pequenos roubos. No início, contavam com o apoio de comerciantes e de parcela dos moradores, dos quais cobravam uma "contribuição". No início voluntária, ela logo se tornou compulsória.

Nessa época, as milícias chegaram a ser defendidas por alguns dos principais políticos de direita do Rio, como os então prefeitos Cesar Maia e Eduardo Paes.[23] Em 2007, às vésperas da realização dos Jogos Pan-Americanos na cidade, Maia sustentava publicamente que elas eram uma forma de "autodefesa comunitária", afirmando que constituíam "um mal menor do que o tráfico". A opinião era endossada por outras figuras de destaque na política do estado, não necessariamente identificadas com a extrema direita.

Depois, quando ficou evidente para a sociedade a verdadeira natureza dos paramilitares, muitos de seus defensores não falam mais do assunto.[24]

A promiscuidade das milícias com o mundo da política foi bem retratada no filme *Tropa de elite 2*, dirigido por José Padilha, com Wagner Moura no papel principal.

Em algumas comunidades, uma vez expulsos os traficantes, as milícias assumiram o comércio de drogas, pois o mercado consumidor não desapareceu com a saída dos antigos fornecedores. Em outros locais, permitiram a volta dos próprios traficantes, cobrando deles um imposto.

---

23. Disponível em: <https://epoca.globo.com/como-rio-das-pedras-virou-sede-do--escritorio-do-crime-23398750>; e <https://oglobo.globo.com/brasil/eleicoes-2006/eduardo-paes-elogia-acoes-de-milicias-de-pms-em-jacarepagua-5000337>.
24. Disponível em: <https://epoca.globo.com/como-rio-das-pedras-virou-sede--do-escritorio-do-crime-23398750>.

ESTADO POLICIAL

Os paramilitares funcionam como as máfias tradicionais. Forçam os moradores a pagar impostos sobre qualquer transação financeira e os obrigam a consumir uma gama variada de produtos. Assim é com TV a cabo pirata (no Rio chamada de "gatonet") e com botijões de gás, estes essenciais em áreas sem serviço de gás canalizado. O botijão é vendido por um preço acima do valor de mercado e o monopólio é garantido pela proibição de que as empresas que o comercializam regularmente entrem nas áreas dominadas pelas milícias.

Em regiões não providas de abastecimento de água encanada, as milícias tomaram para si, também, o fornecimento com carros-pipa, sempre em regime de monopólio e cobrando preços acima dos de mercado.

Elas assumiram, ainda, o controle do chamado "transporte alternativo", oferecido por vans na ligação de áreas periféricas com as abastecidas pelo serviço regular de transporte de passageiros.

A violência dos milicianos assusta concorrentes e intimida o poder público. Um exemplo foi um episódio ocorrido, em fevereiro de 2019, com um veículo que conduzia fiscais da Secretaria de Transportes da prefeitura e foi crivado de balas por milicianos em Bangu, na Zona Oeste do Rio. Foi só uma advertência. Houve cuidado para não ferir os servidores. Mas o recado foi dado e não se ouviu falar mais em fiscalização de vans na área. Mesmo o episódio tendo sido noticiado pelos jornais, não houve intervenção da polícia, como seria de se esperar.

As milícias também exploram ilegalmente máquinas caça-níqueis e praticam agiotagem nas regiões sob seu controle.

A EXPANSÃO DAS MILÍCIAS

Passaram, ainda, a atuar na recuperação de carros roubados. Como têm relação com os ladrões, fazem a intermediação da devolução dos veículos aos donos ou às seguradoras, em troca de remuneração.

Os paramilitares começaram, também, a ocupar ilegalmente terrenos para erguer prédios, cujos apartamentos alugam ou vendem a moradores. Em alguns casos, os próprios milicianos preparam "documentos" que, nas áreas dominadas, atestam a "situação legal" dos imóveis. Em outros casos, valendo-se da corrupção no aparelho do Estado, conseguem a regularização das terras griladas e dos imóveis que comercializam.

Os prédios construídos pelas milícias não são obra de profissionais qualificados e as especificações técnicas não são respeitadas. Em abril de 2019, a queda de dois desses edifícios, de cinco andares, no Condomínio Figueira do Itanhangá, numa região chamada Muzema, na Zona Oeste do Rio, matou 24 moradores. As construções não tinham engenheiros responsáveis, não estavam registradas nos órgãos públicos e eram localizadas em área de preservação ambiental.

Nesse caso, a milícia foi, ao mesmo tempo, grileira do terreno, construtora e imobiliária. Tentativas de embargar a obra ou, depois, desocupar e demolir os imóveis enfrentaram outros adversários, além dos próprios paramilitares que intimidavam funcionários da prefeitura. Um desses adversários era o Judiciário, que acolheu pedidos de liminar impedindo ações de outros órgãos públicos.

Segundo reportagens de jornais, nas proximidades daquela região haveria cerca de sessenta edifícios na mesma situação dos que desabaram. Noticiou-se, também, que, por conta da repercussão dos desabamentos e das mortes junto à opinião pública, dezesseis outros prédios na Muzema, todos já habitados e em situação semelhante aos que desabaram, seriam demolidos.[25]

É significativo, porém, que, menos de dois meses depois, fossem retomados os trabalhos para novas construções irregulares na região, por sinal acompanhados da cobrança de uma taxa extra de R$ 60 aos moradores, "para a realização de obras como a recuperação de calçadas e galerias de águas pluviais". Duas novas guaritas estão sendo erguidas nos acessos ao condomínio e milicianos arrancaram das portas de prédios interditados as notificações da prefeitura.[26]

Embora essa medida seja necessária, pode-se imaginar o drama das famílias – todas de classe média baixa – que tinham comprado os imóveis das mãos de milicianos, em busca de um mínimo de dignidade para morar.

É impactante o teor de uma carta escrita por um morador da Muzema que não se identifica, apresentada numa reportagem do RJ-TV2. Ela foi citada, depois, num editorial do jornal *O Globo*. Diz seu autor:

> Estão nos obrigando a pagar mensalidades, seguro de vida. Se não pagar os impostos, perde a casa ou paga

25. Disponível em: <https://g1.globo.com/rj/rio-de-janeiro/noticia/2019/04/24/prefeitura-inicia-a-demolicao-de-dois-predios-na-muzema-nesta-quarta-feira.ghtml>.
26. Disponível em: <https://oglobo.globo.com/rio/em-condominio-na-muzema-onde-24-morreram-novas-construcoes-ate-taxa-extra-assolam-os-moradores-23723352>.

A EXPANSÃO DAS MILÍCIAS

com a própria vida. Ninguém denuncia, com medo de morrer [...]. A maioria não tem condição de pagar. É expulsão ou mala do carro. Ninguém vê, ninguém viu [...]. Não podemos contar com a PM. Estão juntos com o chefe da facção.[27]

O próprio editorial do jornal conclui: "Fica claro que o poder público ali é apenas visitante de ocasião. O poder verdadeiro é o paralelo, da milícia."

Não é preciso dizer muito mais.

No caso do desabamento dos prédios da Muzema foi sintomática a forma como certos políticos do Rio se manifestaram. Declararam apenas solidariedade com as famílias das vítimas, mas sem menção ao fato de a construção do prédio e a comercialização dos apartamentos terem sido feitas de forma irregular e sob o controle de grupos paramilitares. Não quiseram desagradar seus aliados políticos.

Em alguns casos as milícias assumiram, também, o controle de prédios construídos pelo poder público em planos de habitação popular, como o projeto Minha Casa Minha Vida, do governo federal. Expulsaram as famílias que ocupavam regularmente os apartamentos, e pagavam por eles, passando a alugá-los ou a vendê-los a terceiros. Os moradores expulsos não se atreveram a procurar a polícia com receio de represálias.

O controle dos milicianos abarca todos os aspectos da vida dos moradores. Eles exercem controle absoluto sobre os

---

27. Disponível em: <https://oglobo.globo.com/opiniao/a-tragedia-de-quem--vive-em-areas-dominadas-por-milicianos-no-rio-23647981>.

ESTADO POLICIAL

habitantes do lugar. Sabem de sua vida econômica, profissional e afetiva, impedindo qualquer privacidade para quem mora nas regiões por eles dominadas.

A ligação das milícias com integrantes da PM é escancarada. Ela chega a ponto de os paramilitares terem distribuído uma circular isentando PMs moradores de um condomínio na Praça Seca, em Jacarepaguá, no Rio, do pagamento da "taxa de segurança", fato noticiado pelos jornais.[28]

Outro exemplo mostra a diversificação das atividades dos paramilitares: a apreensão de 117 fuzis na casa de um amigo de Ronnie Lessa, o matador de Marielle. As armas foram contrabandeadas, pois são de procedência estrangeira, e provavelmente seriam vendidas a traficantes ou a outros milicianos.

Como se vê, em suas áreas as milícias representam a lei, a polícia e a Justiça. São o Estado, enfim. Como as velhas máfias, constituem um Estado paralelo, cobrando impostos sobre toda e qualquer atividade econômica e assumindo o monopólio da oferta de serviços variados. É preciso atentar, porém, para um fato: a expressão "Estado paralelo" só seria correta em termos, porque algumas figuras das milícias são representantes oficiais do Estado legal. Apenas atuam também do outro lado do balcão.

Devagar, as milícias começam a chegar a muitos bairros de classe média no Rio, vendendo segurança privada. Moradores são convidados para reuniões sobre o problema

---

28. Disponível em: < https://g1.globo.com/rj/rio-de-janeiro/noticia/2019/06/12/condominio-em-area-de-milicia-no-rio-distribui-circular-sobre-taxa-de-seguranca-pms-estao-isentos.ghtml>.

A EXPANSÃO DAS MILÍCIAS

da criminalidade na área. Nelas, são oferecidos serviços de segurança particular, feita por policiais da ativa e bombeiros, em seus dias de folga, e ex-policiais, sempre trabalhando à paisana e armados.

Nesses bairros, os milicianos são mais cuidadosos e procuram não dar a impressão de obrigatoriedade para a compra de seus serviços. Mas, em muitos casos, é criada uma situação de constrangimento aos moradores. Os paramilitares oferecem placas a serem afixadas na fachada de prédios cujos moradores contratam os serviços. Elas têm dizeres como: "Este prédio colabora com a segurança da rua." Não é difícil ver que a ausência de placa semelhante em outros prédios ou domicílios unifamiliares são uma espécie de sinal verde para os ladrões.

Há mais. Nos dias e semanas que antecedem as reuniões para a oferecimento da segurança privada, aumenta o número de assaltos na região, alguns deles filmados. As imagens, de autoria desconhecida, são enviadas para os moradores pelas redes sociais. Isso tudo deixando no ar a certeza de uma ligação entre os milicianos e os ladrões. Ou seja, a milícia oferece segurança... contra ela mesma.

Nas regiões metropolitanas de outras grandes cidades, Brasil afora, existem também grupos de paramilitares, com composição semelhante à das milícias cariocas. São alguma coisa entre os tradicionais "esquadrões da morte", que sempre assassinaram pequenos delinquentes, e os pistoleiros de aluguel, à disposição para cometerem crimes variados, inclusive políticos, por encomenda.

ESTADO POLICIAL

Um grupo de policiais encabeçado pelo delegado Sérgio Fleury compunha um ativo esquadrão da morte em São Paulo. Assassinava alguns pequenos ladrões e se compunha com outros, que ficavam a seu serviço. Posteriormente, esse grupo, sempre chefiado por Fleury, foi deslocado para o combate aos opositores da ditadura.

Uma coisa é certa: como qualquer segmento do crime organizado no Brasil atuando com certa estabilidade, as milícias não sobreviveriam sem a cumplicidade e a proteção de cúmplices no poder público. Não existe crime organizado sem participação de figuras ligadas ao Estado.

4. AS MILÍCIAS E O PODER

No Rio, em certo momento, animados pelo crescimento de sua influência, milicianos resolveram ingressar diretamente na política e alguns de seus chefes se candidataram a deputado ou a vereador. Pagaram caro pela ousadia. Uma coisa é ser "dono" de uma área na periferia e atuar de modo esporádico fora dali; outra, ocupar de forma direta os órgãos do Estado. Os milicianos eleitos ficaram expostos e acabaram presos. Foi assim com os dois principais chefes da chamada Liga da Justiça, a principal milícia da Zona Oeste do Rio: Jerônimo Guimarães Filho, o Jerominho (vereador pelo antigo PMDB, eleito em 2000), e seu irmão Natalino José Guimarães (deputado estadual pelo então PFL, eleito em 2006).

Ex-policiais civis, os dois foram libertados em setembro de 2018, depois de cumprirem mais de dez anos de prisão por extorsão, assassinato e outros crimes. O filho de Jerominho, Luciano, está preso, e a filha, Carminha, também cumpriu pena, mas já está em liberdade. No relatório final da Comissão Parlamentar de Inquérito (CPI) sobre as milícias na Assembleia Legislativa do Rio de Janeiro (Alerj), o nome de

ESTADO POLICIAL

Jerominho aparece 96 vezes; o de Natalino, 116 vezes; e o de Carminha, 31 vezes.[29]

O mesmo fenômeno de bandidos entrando diretamente na política já tinha ocorrido na Colômbia, com o traficante Pablo Escobar. No auge de sua influência, ele se tornou senador, depois de se eleger suplente de um candidato que renunciou ao mandato. Seu projeto, do qual não fazia segredo, era concorrer à Presidência da República. Deu-se mal. Era um salto maior do que as pernas. A partir daí, começou sua derrocada.

Sob a mira de refletores da sociedade, no Rio, os milicianos com mandato parlamentar acabaram processados, condenados e presos por crimes cometidos no passado. Isso os obrigou a desistir de ingressar diretamente na política. Mas, claro, não os fez romper os laços com figuras de proa do poder público, no Executivo e no Legislativo.

Aliás, nunca é demais repetir uma verdade que vale para todos os momentos: não existe crime organizado atuando durante certo tempo e com certa estabilidade sem o conluio do poder público.

Com o surgimento das milícias, líderes comunitários refratários a elas foram obrigados a se mudar dos locais em que viviam, às vezes há décadas, ou acabaram assassinados. E políticos que as combatiam, pedindo a investigação dos seus crimes ou apoiando demandas de moradores desejosos de se verem livres de seu jugo, se tornaram alvos também.

Foi o caso do deputado Marcelo Freixo (PSOL), que entrou na mira dos paramilitares por ter encabeçado, em 2008,

---

29. Disponível em: <https://brasil.elpais.com/brasil/2019/05/05/politica/1557066247_273526.html>.

AS MILÍCIAS E O PODER

a CPI das Milícias na Alerj. Essa CPI fez um trabalho de qualidade e, no relatório final, apontou 170 áreas dominadas pelos paramilitares. Descreveu seu funcionamento e sugeriu formas de combatê-los. Apesar da consistência das propostas, em sua maioria elas foram ignoradas pelos governantes. Os interessados podem encontrar o relatório da CPI na internet.[30]

As provas trazidas pela CPI serviram para a condenação judicial e a prisão de milicianos importantes. Visto como o principal responsável pelas investigações, Freixo foi jurado de morte e nos últimos onze anos tem sido obrigado a circular permanentemente em carros blindados e com escolta policial armada.

Assim, uma realidade sempre presente no campo – grupos de extermínio atuando com desenvoltura contra ativistas políticos – começou a chegar ao coração da segunda maior cidade do país e sua capital cultural, o Rio de Janeiro, depois de já ter se consolidado em suas áreas periféricas.

As milícias tornaram-se braço armado da extrema direita, sendo acionadas como quadrilhas de pistoleiros de aluguel. Passaram a atuar fora dos territórios de origem, vendendo seus serviços a quem pagasse por eles. Foram contratadas, inclusive, por bicheiros em disputas internas da contravenção. Seus integrantes têm preparação militar, acesso a armamentos modernos e ramificações nos órgãos de segurança pública.

Esse quadro, em si gravíssimo, tornou-se ainda mais preocupante devido à proximidade da família Bolsonaro com os paramilitares.[31]

---

30. Disponível em: <http://www.nepp-dh.ufrj.br/relatorio_milicia.pdf>.
31. Disponível em: <https://www.dw.com/pt-br/a-sombra-das--mil%C3%ADcias-sobre-o-governo-bolsonaro/a-47204476>.

ESTADO POLICIAL

Flávio Bolsonaro (PSL), eleito senador em 2018, e filho do presidente, quando deputado estadual fez discursos na Alerj defendendo as milícias. Homenageou seus chefes, dando ao principal deles, Adriano Magalhães da Nóbrega, ex-capitão do Bope (Batalhão de Operações Especiais) da PM do Rio, hoje foragido, a maior honraria do Estado, a Medalha Tiradentes.[32]

Adriano é apontado como chefe do Escritório do Crime, o mais importante grupo de extermínio em atividade no Rio. Tem sua base na milícia que controla Rio das Pedras, na Zona Oeste da cidade, comunidade com cerca de 30 mil habitantes.

Flávio tinha lotadas em seu gabinete, como assessoras, a mãe e a mulher de Adriano. E, como deputado, tentou impedir a criação da CPI das Milícias, chegando a ponto de, na tribuna, defender a legalização dos grupos paramilitares.[33]

O ex-major da PM Ronald Paulo Alves Pereira, apontado como o número dois do Escritório do Crime e preso em janeiro de 2019, também tinha sido homenageado por Flávio Bolsonaro, em 2004, na Alerj.

Dois PMs irmãos gêmeos, Alan e Alex Rodrigues de Oliveira, presos por ligações com as milícias, trabalharam como seguranças de Flávio.

Três outros PMs – Leonardo Ferreira de Andrade, Carlos Menezes de Lima, Bruno Duarte Pinho – detidos em outra operação de combate às milícias, a Quarto Elemento,

---

32. Disponível em: <https://www.revistaforum.com.br/milicianos-suspeitos--pelo-assassinato-de-marielle-foram-homenageados-por-flavio-bolsonaro/>.
33. Disponível em: <https://www1.folha.uol.com.br/ilustrissima/2018/10/bolsonaro-nunca-se-aprofundou-no-tema-da-seguranca-diz-especialista.shtml>.

AS MILÍCIAS E O PODER

também foram agraciados com moções de louvor e congratulações por iniciativa de Flávio na Alerj.[34]

Fabrício Queiroz, amigo, segurança, laranja, motorista e faz-tudo da família Bolsonaro, um ex-PM que priva da intimidade do presidente da República, a quem acompanhava em programas como pescarias, tem também estreitas relações com milicianos.

As ligações de grupos de extermínio com segmentos de órgãos policiais fazem com que seja difícil se investigar as milícias. Os jornais divulgaram ter havido sabotagem na apuração de morte de Marielle. O mesmo ocorreu em outras investigações sobre o Escritório do Crime. Autoridades se manifestaram sobre as ligações entre policiais e paramilitares. Raul Jungmann, ministro da Justiça do governo Michel Temer, classificou a aliança entre eles como "satânica".[35]

O decreto 9.785, firmado por Bolsonaro em 7 de maio de 2019, que amplia enormemente o espectro de pessoas que poderão portar armas é um verdadeiro presente para as milícias. Integrantes de dezenove categorias profissionais passarão a ter direito a porte. Entre eles, associados a clubes de tiro. Bastará que milicianos legalizem um clube desse tipo para que possam, eles próprios, abrir as portas da concessão de porte de armas a seus amigos.[36]

---

34. Disponível em: <https://jornalggn.com.br/eleicoes/xadrez-do-fim-do-governo-bolsonaro-por-luis-nassif/?fbclid=IwAR3ZBEqiSJCNCQYAQU8Nta jau7_PTCZ8U5k5-bJKrkDVPyx3XFejYSgGz0Q#.XESBocnkcnS.whatsapp>.
35. Disponível em: <https://noticias.uol.com.br/cotidiano/ultimas-noticias/2018/11/30/jungmann-se-diz-preocupado-com-alianca-satanica-poe-o-rio-de-joelhos.htm>.
36. Disponível em: <https://presrepublica.jusbrasil.com.br/legislacao/705584838/decreto-9785-19>.

ESTADO POLICIAL

Essa ideia absurda de que, havendo mais pessoas armadas nas ruas, haverá mais segurança para todos, é um desatino. Em primeiro lugar, porque tornará qualquer desavença banal no trânsito ou entre vizinhos a antessala para uma troca de tiros e mortes. Em segundo lugar, as pessoas serão assaltadas porque os bandidos vão querer roubar-lhes a arma. Depois porque um cidadão surpreendido por assaltantes nas ruas tem poucas possibilidades de êxito caso reaja, mesmo estando armado, porque o fator surpresa estará do lado dos bandidos.

Um exemplo: há alguns anos, um capitão do Exército foi rendido por dois pivetes armados no bairro da Tijuca, no Rio, e perdeu a moto e a pistola que tinha consigo. Fez bem em agir com prudência e não reagir. Caso contrário, embora suponha-se que fosse alguém preparado militarmente, talvez tivesse sido morto. O nome do capitão? Jair Bolsonaro.

Pois bem, apesar de todas as evidências, até agora o Estado não deu a atenção necessária ao combate às milícias. Elas são a parcela mais importante, perigosa, agressiva e nociva do crime organizado no país (isso se não se considera aquele segmento do crime organizado de terno e gravata, que trabalha com caneta, contratos fraudulentos e movimentações bancárias vinculadas à corrupção).

Por contarem com ramificações no aparelho de Estado, os milicianos são muito mais perigosos do que traficantes de drogas ou qualquer outro tipo de bandido. Combatê-los deve ser uma prioridade. Mais ainda quando começam a praticar assassinatos políticos.

Em entrevista publicada no site Uol, o desembargador do Tribunal de Justiça do Rio de Janeiro Alcides da Fonseca Neto, presidente do Fórum Permanente de Segurança Pública da Emerj (Escola de Magistratura do Estado do Rio de Janeiro), faz um diagnóstico pessimista da situação e propõe que as milícias sejam tratadas como crime federal, combatidas por uma força-tarefa. Para ele, essa é a única alternativa para impedir que o Rio vire um "narcoestado". Diz o desembargador:

> [...] É público e notório que existe uma relação umbilical entre as milícias e a polícia. De uma tal forma que você não consegue mais saber quem é miliciano e quem é policial. Claro que seria totalmente leviano dizer que todo policial está ligado à milícia. Mas que existe uma relação muito forte entre boa parte desses policiais e a milícia, existe.[37]

Apesar disso, não é dada importância a esses paramilitares no plano de repressão à criminalidade apresentado pelo ministro da Justiça e Segurança Pública Sérgio Moro, um mês depois de assumir a pasta, em fevereiro de 2019. São citados apenas de passagem.

Como explicar a omissão?

---

37. Disponível em <https://noticias.uol.com.br/cotidiano/ultimas-noticias/2019/06/19/com-policia-do-rj-comprometida-desembargador-propoe-que-pf-apure-milicia.htm>.

5. ALGUMAS MEDIDAS DE PROTEÇÃO

A promiscuidade de paramilitares com integrantes dos órgãos de segurança torna ainda maiores os riscos para os defensores dos direitos humanos. Nos últimos doze meses, pelo menos cinco operações sigilosas de grande vulto na repressão contra as milícias foram frustradas por terem vazado. Essa promiscuidade foi vista de perto pelos militares quando estiveram no comando da segurança pública no Rio de Janeiro, em 2018.

> O envolvimento de agentes públicos em vazamento de informações privilegiadas às milícias também foi abordado. Em 20 de dezembro passado, após uma frustrada megaoperação do Exército, o general Richard Nunes, então à frente da Secretaria de Segurança, levantou suspeita sobre o vazamento de informações. Na ocasião, os militares tinham em mãos 97 mandados de prisão, mas cumpriram menos de uma dezena deles.[38]

---

38. Disponível em: <https://www1.folha.uol.com.br/cotidiano/2018/05/general-na-seguranca-do-rio-critica-vazamentos-sobre-caso-marielle.shtml>.

ESTADO POLICIAL

Na ocasião, o general Richard classificou de "nefastos" os vazamentos de detalhes da investigação desenvolvida sob sigilo pela Delegacia de Homicídios da Polícia Civil.

A própria Polícia Federal concluiu, num inquérito de 600 páginas, que houve tentativas por parte de policiais ligados a milícias de atrapalhar as investigações sobre a morte de Marielle.[39]

Até a prisão dos dois acusados de matar Marielle quase foi por água abaixo. Avisados na última hora, por um triz eles não escaparam. Isso só não aconteceu porque, por precaução, a polícia não chegou à casa deles às 6 horas da manhã, como é de costume quando vai prender alguém. Estava à porta dos dois desde as 3h da madrugada. Quando eles saíram, em torno das 4h, prontos para desaparecer, foram detidos.

Não é de se esperar do governo Bolsonaro boa vontade com entidades vinculadas à defesa dos direitos humanos. Muitos de seus integrantes ou apoiadores já deram demonstrações de que veem essas entidades como "defensoras de bandidos". No mínimo, as consideram criadoras de casos.

É ilustrativo o informe da Human Rights Watch, uma respeitada organização internacional, sobre a reunião de seus dirigentes com o ministro-chefe da Secretaria de Governo, general Santos Cruz, em janeiro de 2019.

Foi tensa a reunião de representantes da Human Rights Watch na América Latina e no Brasil com o ministro Carlos Alberto dos Santos Cruz, da Secretaria de Gover-

---

39. Disponível em: <https://www.dw.com/pt-br/pf-conclui-que-houve--obstru%C3%A7%C3%A3o-na-investiga%C3%A7%C3%A3o-do-caso--marielle/a-48853834>.

ALGUMAS MEDIDAS DE PROTEÇÃO

no, na segunda-feira, no Palácio do Planalto. Santos Cruz recebeu três representantes da organização, [...] entre eles o chileno José Miguel Vivanco, diretor para as Américas. O primeiro problema ocorreu quando, ao chegar à sala de Santos Cruz, Vivanco e a comitiva receberam o pedido de deixar seus celulares numa antessala [...]. Segundo Vivanco, o chefe de gabinete do ministro estava irritado e insistiu que "essas eram as novas regras".

– Insisti que não aceitaria aquilo. Conheço todos os presidentes vivos do Brasil, os ministros da Justiça, falo com presidentes de todo o mundo e isso não existe em nenhum lugar. Não posso colocar em risco minhas fontes e as informações que estão no meu iPhone. Agradeci muito, mas disse que a visita estava cancelada. Só entramos quando o ministro veio até a porta e interveio.

[Depois] Vivanco perguntou [ao general] se a Human Rights Watch, que, entre outros trabalhos, fiscaliza a execução de pessoas por parte de policiais, seria alvo de monitoramento por parte do governo. Santos Cruz respondeu elogiando o trabalho da organização no Congo, onde o ministro serviu, na Monusco, a missão da ONU no país. Vivanco insistiu na pergunta: "A Human Rights Watch seria monitorada no Brasil?" O ministro tentou novamente desviar da resposta. Somente na terceira tentativa, afirmou "acreditar" que não ocorreria nenhuma supervisão por parte do governo nas atividades da organização.[40]

---

40. Disponível em: <https://blogs.oglobo.globo.com/lauro-jardim/post/tensao-na-reuniao-de-human-rights-watch-com-santos-cruz.html>.

Registre-se que, no início de junho, o general Santos Cruz foi exonerado do cargo que ocupava. O motivo foram as divergências do general com os filhos de Bolsonaro e com o guru do núcleo duro e mais irracional do governo, o astrólogo Olavo de Carvalho.

Como já foi dito, a promiscuidade entre paramilitares e policiais da ativa obriga a que, na busca de proteção para ativistas do movimento popular, se leve em conta a possibilidade de métodos de atuação da polícia serem incorporados por milicianos. Assim, veremos aqui alguns desses métodos e certas medidas de proteção usadas no passado, na resistência à ditadura militar. Elas podem ser úteis no futuro.

Antes, porém, vai um alerta: em geral, medidas de segurança diminuem o ritmo do trabalho e, à primeira vista, podem parecer desnecessárias ou exageradas. Ao serem implantadas, às vezes, são mal recebidas. Só quando os problemas começam a acontecer – às vezes de maneira trágica – passam a ser compreendidas e valorizadas.

Uma segunda observação: as sugestões dadas aqui, assim como as experiências relatadas, podem ajudar na proteção dos ativistas, mas apenas minimizam riscos. Não os eliminam. Decididamente, não são a chave do paraíso. Aliás, se houver paraíso, com certeza, sua porta de entrada não tem chave.

Vale, ainda, uma terceira advertência: se a luta por transformações sociais ganha a feição de um embate entre dois aparatos, o dos ativistas políticos e o dos órgãos de repressão (legais ou paralelos), é mau sinal. Caso não se reverta a situação de modo rápido, o desfecho inevitável é a derrota dos lutadores do povo. Por isso, todo o esforço deve ser para que a luta pelas

ALGUMAS MEDIDAS DE PROTEÇÃO

mudanças não seja travada apenas pelos ativistas, mas pelo conjunto do povo. O papel dos dirigentes e militantes é ajudar na tomada de consciência e na mobilização do povo.

Dito isso, é bom não ter ilusões: num quadro no qual os ativistas políticos têm vida normal, na legalidade, atentados são difíceis de evitar. As vítimas em potencial são pessoas com vida aberta e rotina, tendo locais de moradia e/ou de trabalho conhecidos. Isso as torna alvos relativamente fáceis.

Ainda assim, a atenção no dia a dia pode ajudar a prevenir ou dificultar atentados.

Vão aqui sugestões. Elas devem ser avaliadas caso a caso. É provável que algumas nunca sejam usadas. Ficam como possibilidades a serem adaptadas a cada situação. Em todo caso, não se deve perder de vista algo: nada substitui o bom senso.

Atentados políticos podem ou não ser precedidos de ameaças. Há exemplos de gente morta depois de ter sido ameaçada. Mas há, também, exemplos de execuções sem antes ter havido tentativa de intimidação – como o caso de Marielle. E, ainda, existem muitos casos – certamente a maioria – nos quais ameaças são feitas e não são cumpridas.

De qualquer forma, quase sempre um atentado é precedido de um levantamento e este, às vezes, pode ser percebido. Por isso, alvos potenciais devem estar atentos. E, claro, devem tratar de ter certos cuidados.

Rotinas quanto a horários e trajetos facilitam atentados. Mas, claro, os ataques podem acontecer a qualquer hora, inclusive quando o alvo não está cumprindo uma rotina. Dois exemplos: em 1865, o presidente norte-americano Abraham Lincoln foi morto na porta de um teatro; e, em

ESTADO POLICIAL

1986, o primeiro-ministro sueco Olof Palme foi assassinado quando ia a um cinema. Guardados os diferentes contextos, há semelhanças entre os dois casos.

Alguém que, claramente, esteja com a integridade física ou a vida ameaçada deve pedir proteção ao Estado. É direito do cidadão e obrigação do poder público. Assim fez Freixo, por exemplo. Viver cercado de seguranças é, com certeza, um enorme desconforto, mas pode ser um preço inevitável para continuar o trabalho político e não ser assassinado.

O uso de segurança armada pode ajudar na proteção de alguém visado, mas é uma providência cara. A equipe de segurança exige certo número de integrantes, porque estes devem se revezar e trabalhar em duplas. Depois, não é conveniente usar segurança armada não legalizada. Aliás, esta é uma regra importante: ativistas visados, na legalidade, devem evitar cometer atos ilegais para não abrir flancos para a criminalização.

Não é fácil uma pessoa perceber se está sendo seguida por profissionais. Em geral, é usado mais de um carro, com todos os agentes em comunicação permanente. E há um revezamento entre os que seguem o alvo mais de perto. Alguns dos envolvidos na vigilância podem, ainda, trocar de camisa durante a operação. É difícil percebê-los. Cada carro do esquema costuma ter, pelo menos, duas pessoas, para o caso de uma delas precisar continuar a vigilância a pé. E, atenção: os homens podem ter cabelos compridos, barba ou vestirem calção, bermuda, camiseta e tênis. Os agentes podem ser jovens ou idosos. Não se deve esperar pessoas com jeitão típico de militar ou policial. E, atenção: há participação de mulheres.

ALGUMAS MEDIDAS DE PROTEÇÃO

Aliás, para que se tenha uma ideia do quanto era expressiva a presença feminina nos órgãos de repressão da ditadura, basta dizer que nos anos 1970, na seção de investigação do DOI-Codi/SP, havia dezenas de mulheres. Elas se concentravam no setor de vigilância. Atuavam raramente na captura de militantes, no estouro de "aparelhos" (locais usados para moradia ou reuniões pelos militantes) e nos interrogatórios. Essas informações são do livro *A casa da vovó*, a mais importante fonte sobre o trabalho da repressão política na década de 1970.[41]

Nada impede que haja mulheres trabalhando com milicianos e os métodos usados no passado por órgãos de repressão estejam sendo aproveitados na preparação de atentados. Aliás, pelo contrário: é de se supor que os paramilitares da atualidade incorporem o *know-how* e a experiência do aparelho de repressão da ditadura.

Alguém visado, seja para simples acompanhamento de seus passos, seja porque é alvo potencial de um atentado, pode adotar procedimentos para checar se está sendo seguido. Fazer trajetos inesperados de vez em quando é uma possibilidade. Usar carro+metrô+carro, também. Trocar de trens de metrô numa mesma plataforma ajuda a despistar ou a constatar a vigilância. Afinal, um passageiro comum não salta de um trem para, em seguida, pegar outro, seja na mesma direção, seja na direção contrária. (Atenção: nesses casos, a tendência é o vigilante não se deixar descobrir e abortar a missão, mais ainda se o alvo pode voltar a ser encontrado).

---

41. GODOY, Marcelo. *A casa da vovó*. São Paulo: Alameda, 2014.

ESTADO POLICIAL

Ainda em se tratando de metrô, há composições nas quais se pode passar de um vagão a outro por portas internas, sem usar a plataforma da estação. As composições da Linha 2 do metrô do Rio são assim. Trocar de vagão indo diretamente de um a outro é uma boa forma de despistar, constatar a vigilância ou complicar a vida de quem está seguindo alguém.

Outra forma de dificultar o trabalho de vigilância é seguir a pé na calçada de uma rua com carros vindo em direção contrária. Isso impede o uso de veículos na vigilância. Melhor ainda é fazer essa caminhada tendo um companheiro andando dez ou vinte metros atrás. Ele terá melhores condições para perceber se há algum controle.

Mais uma dica: é provável alguém seguir uma pessoa usando fones de ouvido, com microfone acoplado, para se comunicar com outros integrantes da missão. Qualquer celular tem esses apetrechos e é comum as pessoas os usarem nas ruas para escutar música. Eles não chamam a atenção.

Uma boa solução foi a adotada por um militante visado em 1980, já depois da anistia. Ele vinha de avião de São Paulo para o Rio. Ainda antes de embarcar, em Congonhas, notou que uma dupla o seguia. Fez vários movimentos, mas não conseguiu se desvencilhar dos agentes. Dirigiu-se, então, para o saguão principal, cheio de gente, fez um escândalo e, apontando para os dois, gritou: "Eles são terroristas, desses que botam bombas em bancas de jornais e estão me perseguindo." Juntou gente e a dupla se escafedeu.

Numa situação na qual atentados são uma possibilidade, ao desconfiar que está sendo seguido, um ativista político deve fazer a denúncia, acionando advogados, partidos, jornais

ALGUMAS MEDIDAS DE PROTEÇÃO

e entidades de direitos humanos. É melhor errar por excesso de cuidado do que por timidez. Deve, também, claro, exigir providências do poder público.

É bom ainda saber de memória (além, claro, ter na agenda e/ou gravado no celular) telefones de advogados de confiança que já tenham consigo procurações assinadas. Mas é importante saber que, para impetrar um habeas corpus em favor de alguém, não é necessária procuração (aliás, não é necessário sequer o impetrante ser advogado).

É recomendável que um possível alvo não divulgue que está tendo preocupações com a segurança. E, claro, tampouco divulgue as medidas tomadas. A discrição é uma arma de defesa.

Nos dias em que um ativista ameaçado só vai cumprir atividades internas, como reuniões sem a participação de um público mais amplo, é melhor não divulgar publicamente a agenda. A compartimentação de informações de caráter operacional aumenta a proteção. De início pode haver incompreensão de militantes próximos. Mas, com o tempo, todos verão que, se há riscos, não é preciso alguém deter informações operacionais desnecessárias. Não se trata de desconfiança com quem quer que seja, mas de precaução. E este é um aprendizado coletivo.

Vale uma advertência: as preocupações com a segurança tanto quanto possível não devem afetar o fluxo de informações políticas. Primeiro, porque em qualquer movimento a circulação dessas informações é uma necessidade; depois porque o fato de as informações políticas continuarem a circular ajuda a diminuir a resistência às restrições de informações operacionais.

Caso haja razões para temer atentados, é recomendável um possível alvo com vida legal não morar em locais afastados e sem proteção. Uma providência pode ser, por exemplo, mudar-se para um edifício com garagem, porteiro durante 24 horas e câmeras de vigilância. Isso aumenta a segurança. É conveniente, ainda, estar sempre com dinheiro vivo para o caso de imprevistos. Contas bancárias ou cartões podem ser bloqueados. Dependendo da situação, até mesmo sem ordem judicial, embora isso configure uma ilegalidade. Mas nunca se sabe.

Outra razão para se ter dinheiro vivo: o uso de cartões permite a localização de quem os utiliza. Mesmo admitindo-se a hipótese de os bancos e o aparelho de Estado não cooperarem abertamente com paramilitares, não se pode afastar a hipótese de colaboração extraoficial. Ou de uma cooperação informal de bancos ou bancários com policiais, sem que saibam da ligação destes com milícias.

É bom também ter emprestados cartões de contas bancárias de pessoas amigas. Isso não é ilegal e ajuda a movimentação de um ativista sem que seja localizado. De qualquer forma, se esses cartões servem para pagar pequenas despesas, não substituem o dinheiro vivo, porque para sacar qualquer quantia em caixas eletrônicos ou em bancos quase sempre é exigida a identificação digital.

Nunca se deve ter em casa algo que não deva cair em mãos indesejáveis. Isso vale para agendas, arquivos, cadernos de telefone, textos, documentos etc. Paramilitares podem fazer buscas em momentos em que as casas estejam vazias. É bom lembrar: um chaveiro abre portas sem muita dificuldade, mesmo que elas tenham fechaduras mais sofisticadas.

ALGUMAS MEDIDAS DE PROTEÇÃO

Um problema que pode ressurgir é a ameaça de ataques terroristas a eventos organizados por entidades do movimento popular ou a seus líderes. Na retomada das lutas pela democracia, no fim dos anos 1970 e início da década de 1980, muitos dirigentes dos comitês de anistia receberam ameaças por telefone ou por carta.

Se as ameaças forem dirigidas a pessoas, individualmente, cabe a elas decidir como agir. Algumas resolvem não dar importância – até porque, na maioria das vezes, nada acontece mesmo. Outras preferem tomar alguma medida de precaução. Isso é assunto a ser decidido pelo próprio ameaçado.

Mas se as ameaças forem a atos políticos, a situação não é tão simples. Um bom exemplo para se tomar como experiência foi o acontecido com o Comitê Brasileiro pela Anistia do Rio de Janeiro (CBA/RJ). Criado na segunda metade da década de 1970, o primeiro ato público mais amplo organizado pela entidade foi na Associação Brasileira de Imprensa (ABI). O comitê conseguiu a participação do general da reserva Pery Bevilacqua, que em 1964 tinha sido favorável ao golpe, mas apoiava a anistia e se dispunha a sustentar essa bandeira em público. Era um dos oradores do evento.

Pouco antes do ato, já com as pessoas chegando à ABI, houve uma ameaça: teria sido posta uma bomba no auditório e, se este não fosse evacuado imediatamente, muitas pessoas poderiam ser vítimas do atentado.

Na opinião dos líderes do CBA não havia bomba alguma, e se tratava de uma tentativa de intimidação para que o evento não se realizasse. Mas, e se não fosse assim? Naquela situação, os organizadores não poderiam omitir a informação para o público presente. Seria uma irresponsabilidade. Não era uma situação fácil, pois, por outro lado, se a cada telefonema dando conta de ameaça de bombas as manifestações pela anistia fossem suspensas, a ditadura teria descoberto a fórmula para matar pela raiz o movimento.

O caminho adotado mostrou-se acertado. O ato foi aberto pela presidente do CBA/RJ e ela informou a existência da ameaça, mas disse que a atividade estava mantida. Lembrou que um recuo naquele momento seria um precedente que poderia inviabilizar outros eventos. Deixou à vontade quem quisesse sair do recinto. Ninguém se retirou, o ato foi um sucesso e, a partir daí, esse tipo de ameaça não foi mais feita.

6. CELULARES, COMPUTADORES, NOTEBOOKS E TABLETS

Grampos telefônicos e violação de correspondência existem há mais de um século. O Escritório de Investigação dos Estados Unidos, precursor do atual FBI, fazia isso. Já na época, opositores políticos eram os alvos preferenciais da espionagem. Mas, vez por outra, até mesmo aliados eram vítimas. As informações obtidas na escuta de suas conversas ajudavam os governos nas articulações políticas.

Não só nos Estados Unidos ocorre esse tipo de coisa. Seria ilusão pensar que no Brasil seria diferente. Em 2017, por exemplo, foi descoberto um esquema mantido pelo chefe da Casa Civil do governador do Mato Grosso, José Pedro Taques, para grampear telefones de autoridades.[42]

Muito mais grave foi o acontecido em 1983, em plena ditadura, quando um marceneiro que realizava obras no gabinete do general presidente João Figueiredo descobriu um aparelho de escuta numa das paredes. Não se chegou ao

---

42. Disponível em: <https://g1.globo.com/mato-grosso/noticia/governador--de-mt-sabia-do-esquema-de-grampos-desde-o-inicio-diz-delegado.ghtml>.

ESTADO POLICIAL

responsável. O equipamento era de última geração, fabricado fora do Brasil e tinha um alcance de 1.500 metros.[43]

A legislação protege a intimidade das pessoas e exige aval do Judiciário para que esta seja violada. No entanto, como se sabe, muitas vezes essa proteção legal se revelou inútil, seja porque a Justiça não atuou com critérios equilibrados, seja porque o próprio Executivo burlou a lei, seja porque funcionários do Estado prevaricaram.

O jornalista norte-americano Glenn Greenwald – que em seu importante livro *Sem lugar para se esconder* divulgou informações fornecidas por Edward Snowden, analista da NSA (Agência de Segurança Nacional), dos Estados Unidos – conta uma história impressionante. Em meados dos anos 1970, uma investigação sobre espionagem doméstica efetuada pelo FBI mostrou que a própria agência havia rotulado meio milhão de norte-americanos como "subversivos em potencial" e espionava um número gigantesco de pessoas devido a suas posições políticas. A lista de alvos tinha de Martin Luther King, John Lennon a integrantes tanto do Movimento de Liberação Feminina, como da anticomunista Sociedade John Birch.[44]

Desde aquela época, a vigilância sobre as pessoas aumentou em proporção geométrica, ajudada pela hipertrofia dos chamados órgãos de espionagem, pelos novos meios tecnológicos de que eles passaram a dispor e pela difusão do uso de

---

43. Disponível em: <https://acervo.oglobo.globo.com/em-destaque/em-1983--em-plena-ditadura-presidente-figueiredo-foi-grampeado-no-planalto--21398897#ixzz5nv23Gplu>.
44. GREENWALD, Glenn. *Sem lugar para se esconder*. Rio de Janeiro: Primeira Pessoa, 2014.

CELULARES, COMPUTADORES, NOTEBOOKS E TABLETS

celulares, computadores, notebooks e outros equipamentos eletrônicos, abrindo espaço para novas formas de controle.

O excelente filme *Snowden – herói ou traidor*, de Oliver Stone, disponível no Netflix, tem uma passagem mostrando o laptop de uma mulher, alvo de investigação, transmitindo o que acontecia no seu quarto. O equipamento tinha sido hackeado remotamente e sua dona o deixava ligado, com a tampa aberta e a câmera descoberta. É um exemplo interessante, ainda que, pela complexidade desse tipo de intervenção externa, não é de se esperar que esteja sendo feito no Brasil. Vale apenas como curiosidade.

Greenwald conta, ainda, no livro já citado, que uma unidade da NSA em apenas trinta dias coletou dados de mais de 97 bilhões de e-mails e de 124 bilhões de chamadas no mundo inteiro. Entre os países citados como alvo está o Brasil, com 2,3 bilhões de comunicados por vias eletrônicas, Skype ou chamadas de celular interceptados ou, o que aconteceu na maioria dos casos, tendo seus dados coletados.

Mesmo para a NSA, dotada de recursos gigantescos, seria impossível ouvir todas as ligações ou analisar todos os e-mails. Não só pelo número, mas porque há o uso de diferentes idiomas, gírias ou, em alguns casos, conversas cifradas. São usados, então, algoritmos que, ao identificar palavras escritas ou pronunciadas, acionam mecanismos avançados, num dispositivo conhecido como "biometria de voz". Ele permite o reconhecimento do idioma, a identificação de quem fala, assim como a localização de palavras-chave nas comunicações interceptadas. Depois, a conversa pode ser selecionada para ser ouvida ou ter seus metadados analisados.

ESTADO POLICIAL

A propósito, metadados são informações relacionadas a e-mails e a arquivos gerados em dispositivos eletrônicos. Podem vir também de conversas, inclusive pelo Skype. Mostram registros sobre as ligações telefônicas, tais como o número dos aparelhos usados e, em alguns casos, a sua localização. Trazem, também, a data e a hora das chamadas e do envio de arquivos, fotos ou e-mails, assim como o assunto destes últimos. No caso de certas fotos transmitidas, podem ser conhecidas informações sobre data, hora e local em que foram tiradas.

Uma das maiores autoridades no tema, Edward Felten, professor de ciência de computação e de assuntos públicos da Universidade de Princeton, explica, no livro de Greenwald, como essas informações podem ser fontes de espionagem sobre a vida de alguém:

> Considerem o [...] exemplo hipotético: uma jovem liga para seu ginecologista; logo em seguida, para a mãe; depois para um homem com quem, nos últimos meses, falou ao telefone várias vezes após as 11 horas da noite; por fim para um centro de planejamento familiar que também pratica abortos. Surge assim uma narrativa provável que não ficaria tão evidente caso houvéssemos examinado o registro de um único telefonema.

Greenwald acrescenta, também em seu livro:

> Boa parte do acervo de Snowden revelou o que só pode ser qualificado como espionagem econômica: escuta e interceptação de e-mails da gigante brasileira de petróleo Petrobras, de conferências econômicas na América Latina, de empresas

CELULARES, COMPUTADORES, NOTEBOOKS E TABLETS

de energia da Venezuela e do México e de uma vigilância
conduzida por aliados da NSA (entre os quais Canadá,
Noruega e Suécia) sobre o Ministério das Minas e Energia
do Brasil e sobre empresas de energia de outros países.

Isso é apenas uma amostra de até onde chega a capacidade
de bisbilhotar a vida alheia, e não só, nem principalmente,
em aspectos privados.

Provavelmente, o que há de mais moderno na parafernália
eletrônica da NSA não está disponível para a Abin (Agência
Brasileira de Inteligência), a sucessora do SNI (Serviço Nacional de Informações) ou para outros órgãos de espionagem
do governo Bolsonaro. Mas não é segredo a existência de uma
crescente cooperação desses órgãos com agências de inteligência norte-americanas. Aliás, não só com estas, mas também
com as agências do governo israelense, dono de tecnologia
sofisticada nesse campo.

A propósito, em março de 2019 os jornais brasileiros noticiaram uma reunião do chefe da Abin, general Augusto Heleno,
com diretores do aplicativo WhatsApp. A agenda? A cooperação da empresa com os órgãos de informação brasileiros.

Na mesma época, o ministro da Justiça e da Segurança Pública, Sérgio Moro, fez uma visita à sede da CIA, nos Estados
Unidos, fora da agenda oficial. É quase certo que não foi para
conhecer a arquitetura do prédio. Depois disso, no fim de junho,
a imprensa noticiou que Moro voltou aos Estados Unidos para
visitar os principais órgãos de vigilância e inteligência do país.

Greenwald conta, ainda, no livro citado ter visto documentos da NSA sobre o programa Prism, pelo qual a agência
faz uma coleta diretamente nos servidores dos seguintes pro-

vedores: Microsoft, Yahoo!, Google, Facebook, Paltalk, Aol, Skype, YouTube e Apple. Outros provedores de aplicações da internet bastante utilizados no Brasil, como WhatsApp e Instagram, pertencem ao Facebook e podem ser adicionados a essa relação de colaboradores da NSA.

Na época da ditadura militar brasileira, cujos métodos de investigação e de repressão a adversários políticos serão abordados mais adiante, não existiam celulares. O próprio uso dos telefones fixos era coisa rara nos setores da oposição que eram alvos prioritários dos órgãos de repressão. A oposição legal, porém, os utilizava. Os mais escolados, no entanto, eram conscientes dos riscos. É conhecida a frase de Tancredo Neves: "Telefone só serve para marcar encontro. E no lugar errado."

Hoje o controle dos passos e das articulações de políticos é facilitado pelo uso amplo e diversificado dos celulares. Aliás, é provável que não só opositores estejam sendo escutados, legal ou ilegalmente. É de se supor que, também, aliados do governo sejam alvos de espionagem, seja ela feita por órgãos oficiais ou por particulares. Não por acaso, em maio de 2019, o vice-presidente Hamilton Mourão determinou varreduras em seus gabinetes e em sua residência oficial, preocupado com a possibilidade de escutas clandestinas.

É verdade que a legislação determina que grampos telefônicos só podem ser feitos com autorização judicial, devidamente justificada. Mas, apesar disso, cabem algumas perguntas.

Há, de fato, segurança de que no governo Bolsonaro todo e qualquer ato de espionagem efetuado pelos chamados órgãos de inteligência só será realizado com a autorização e o acompanhamento do Judiciário, agindo de forma independente, equilibrada e republicana?

CELULARES, COMPUTADORES, NOTEBOOKS E TABLETS

Se o general vice-presidente desconfia de que possa estar sendo espionado, que segurança tem um cidadão comum de que isso não esteja ocorrendo com ele?

Há segurança de que funcionários públicos encarregados desse tipo de trabalho não vão repassar informações a terceiros indevidamente, ainda que sem o conhecimento de seus chefes, apesar de isso configurar crime?

Há segurança de que os integrantes do Judiciário vão sempre agir com isenção?

Se não se tiver certeza de respostas afirmativas a todas essas perguntas, os alvos em potencial de atentados devem se precaver. O mesmo vale para um ativista político que não queira ter a vida espionada.

Não custa lembrar que, mesmo a investigação sobre a morte de Marielle, foi contaminada. Pelo menos em dois momentos houve interferência externa para atrapalhar seus passos. Primeiro, quando policiais alheios àquele trabalho tentaram direcioná-lo para rumos incorretos (fato publicado nos jornais e admitido pelas autoridades, que identificaram os responsáveis e abriram processo contra eles). Depois, quando os dois executores do crime quase escaparam ao sair de casa de madrugada, provavelmente por terem sido informados de que seriam presos.

Mas, voltando aos celulares, é forçoso reconhecer que eles hoje são parte integrante da vida de qualquer pessoa. Facilitam tanto o dia a dia dos usuários que não é de se esperar que sejam abandonados. E, por mais enfáticas as advertências sobre os riscos de seu uso para ativistas políticos, vai continuar sendo assim. Que ninguém se iluda.

É bom saber, também, que o monitoramento de celulares não serve apenas para se escutar conversas privadas. É possível se programarem aparelhos para que façam escuta ambiental ou que gravem vídeos. Mas é muito difícil – quase impossível – isso ser feito remotamente.

A título de ilustração, no entanto, vale falar de um exemplo recente com o *malware* Pegasus, programa que se espalha através de links contidos em mensagens enviadas ao alvo. Quando clicados, eles fazem com que os telefones baixem um software que os transforma em aparelhos de escuta. Esses ataques se aproveitam de vulnerabilidades secretas nos sistemas Android e iOS.

O jornal *El País* publicou uma reportagem interessante a respeito desse *malware*.

> Segundo revelou o *Financial Times* [...] ao infectar o aparelho por meio de uma chamada de voz, o vírus é capaz de acessar informações sensíveis e executar ações, como ativar remotamente a câmera e o microfone. O Facebook, dono do WhatsApp, acusou a NSO Group, uma empresa israelense que fabrica *cyber warfare* (softwares de guerra cibernética), de ser a responsável pelo [...] Pegasus. O WhatsApp não informou quantas pessoas foram afetadas no Brasil, mas já há rastros do uso do Pegasus no país entre agosto de 2016 e agosto de 2018, em plena corrida eleitoral.[45]

Aplicativos de lanternas disponíveis na loja do Google Play andaram difundindo *malwares* usados na coleta de dados para propaganda ou informações financeiras. É, portanto, recomendável reavaliar os aplicativos baixados, apagando os

---

45. Disponível em: <https://brasil.elpais.com/brasil/2019/05/15/tecnologia/1557877977_241967.html>.

CELULARES, COMPUTADORES, NOTEBOOKS E TABLETS

desnecessários. Além disso, pode-se tentar restringir o acesso de aplicativos a partes mais sensíveis do telefone como o microfone, os dados de localização e a câmera. É recomendável, também, atualizar os aplicativos do celular.

A título de informação, o livro de Greenwald conta que, em 2006, "um juiz federal responsável por julgar o caso de supostos mafiosos nova-iorquinos decidiu que a utilização pelo FBI dos chamados 'grampos móveis' – a transformação do próprio celular de uma pessoa em aparelho de escuta remota – era legal".

Isso foi há treze anos. Levando-se em conta a rapidez com que avança a tecnologia no ramo, não é difícil imaginar como estarão procedimentos semelhantes mais de uma década depois.

De qualquer forma, se existir mesmo uma forte suspeita de que um celular está corrompido, há uma solução prática: abandoná-lo.

Seja como for, não custa deixar celulares longe do ambiente em que há uma conversa que se queira privada. Nem que seja porque um dos presentes pode resolver gravá-la sem o conhecimento dos demais.

Ativistas supostamente vigiados têm a alternativa de criar uma rede de celulares pré-pagos, usados por um círculo menor de pessoas e trocados a cada certo tempo. É preciso, porém, que se saiba que pré-pago só deve falar com pré-pago ou com aparelhos acima de qualquer suspeita. Telefone limpo que ligue para um grampeado, ou que receba uma ligação dele, pode ser identificado pelos metadados. Nada impede que, depois, passe também a ser alvo de escuta.

Outra recomendação: mesmo usando-se pré-pagos, os celulares antigos supostamente grampeados não devem ser abandonados, para não dar na vista. E não se deve cair na tentação

ESTADO POLICIAL

de usá-los para contrainformação, a não ser de forma esparsa. Do outro lado não há idiotas, mas profissionais de inteligência.

Ainda uma informação ligada à escuta de celulares que vale a pena conhecer: é comum que a polícia faça uma provocação (por exemplo, chame alguém para depor ou divulgue um boato relacionado com um suspeito) e espere a sua reação, ouvindo seu celular ou os de pessoas do seu entorno. O mecanismo tem comprovada eficácia. Se policiais podem fazer isso, milicianos também podem.

É bom saber, também, que celulares podem ser usados para o monitoramento dos deslocamentos de alguém. As operadoras recebem informações de torres cada vez que um celular está ligado e conectado a elas, e assim têm acesso à localização do aparelho. Com o telefone desligado é muito mais difícil o monitoramento. É possível saber apenas o último lugar em que o aparelho esteve ligado, assim como as razões que inviabilizaram a continuação do rastreamento (se foi desligado pelo usuário, se a bateria descarregou ou se está fora da área de cobertura). Com a bateria retirada é impossível rastrear o aparelho. Mas é bom lembrar que há aparelhos cujas baterias são fixas e não podem ser removidas.

Trocar o chip do celular não impede a sua localização. O site de notícias da Globo, *G1*, informa que um dos assassinos de uma jovem foi encontrado pela polícia a partir da localização do aparelho. Isso foi feito mesmo com o criminoso tendo comprado e instalado um novo chip no celular.[46]

---

46. Disponível em: <https://g1.globo.com/rj/rio-de-janeiro/noticia/2019/06/05/policia-prende-suspeito-de-participar-da-morte-de-estudante-na-baixada--fluminense.ghtml>.

CELULARES, COMPUTADORES, NOTEBOOKS E TABLETS

Isso é feito por meio do IMEI, uma identificação única, uma espécie de código que todo aparelho tem e para o qual, em geral, as pessoas só dão importância quando o celular é roubado.

A reportagem abaixo ilustra as possibilidades de rastreamento de alguém a partir do celular, mesmo depois de transcorrido um bom tempo.

> A polícia de Phoenix, nos Estados Unidos, prendeu Jorge Molina depois de identificar o seu celular no mesmo local onde um homem foi assassinado ano passado. Como conseguiram os dados? Com o Google. A empresa forneceu um dossiê com informações de todos os aparelhos que estavam na região [...]. De acordo com funcionários da Google, [...] a empresa recebe 180 mandados por semana, com centenas de informações cada um.[47]

É bom saber, ainda, que o post de alguém numa rede social permite a identificação do IP (Internet Protocol) do equipamento usado e da torre mais próxima do aparelho, pela qual foi feita a conexão. Ou, caso o equipamento esteja ligado a algum wifi, à sua localização.

Nas investigações sobre o assassinato de Marielle, o rastreio de celulares foi decisivo. Muitos meses depois do crime, os passos dos dois matadores foram reconstituídos, ficando comprovado que eles estavam no local das mortes quando estas aconteceram.

Com autorização judicial, a polícia quebrou o sigilo de antenas de telefonia móvel, passando a saber quais os celulares

---

47. Disponível em: <https://epocanegocios.globo.com/Empresa/noticia/2019/04/google-rastreia-os-seus-dados-pelo-celular-e-policia-esta-usando--essas-informacoes.html>.

ESTADO POLICIAL

ligados ao longo do caminho percorrido pelos suspeitos, da Barra da Tijuca até a Lapa. Constatou que os dois aguardaram duas horas no carro em frente à Casa das Pretas, onde Marielle estava numa reunião.

Para a investigação do caso Marielle, mais de 33 mil linhas telefônicas foram analisadas, por meio de seus metadados.

Seria humanamente impossível – por limitações de pessoal e de recursos – que todos os meios disponibilizados para a investigação do assassinato de Marielle fossem voltados para o controle dos militantes do movimento social ou dos dirigentes da esquerda. Mas é bom saber que, tecnicamente, é possível. Isso significa que, em casos considerados mais importantes, pode, sim, ser usado o que há de mais sofisticado no ramo.

Além de poder ter as ligações grampeadas, um celular pode ser hackeado. Nesse caso, todas as mensagens (de e-mail, de WhatsApp ou de outro programa qualquer), a agenda telefônica, a relação de chamadas feitas e recebidas ou os arquivos de texto nele gravados, serão conhecidos. No entanto, para o celular ser hackeado é preciso que o invasor tenha em mãos o aparelho desbloqueado ou que seu dono, de modo imprudente, clique num programa malicioso que tenha recebido.

De qualquer forma, é recomendável que alguém que possa ser alvo de espionagem nunca deixe seu aparelho em mãos de pessoas em quem não tenha confiança. E, caso tenha audiência com uma autoridade, não custa deixar antes o celular com um amigo.

Outra informação importante: pode-se apagar no celular uma mensagem, tanto de texto, como de voz, que não se queira conhecida, logo depois recebê-la. Mas isso não impede que seja recuperada se o aparelho cair em mãos de um especialista. No

CELULARES, COMPUTADORES, NOTEBOOKS E TABLETS

caso de o aparelho ser hackeado, o que pode ser acessado é o conjunto de mensagens, enviadas ou recebidas, ainda gravadas no equipamento. Isso vale também para o WhatsApp, que oferece certa proteção no momento da transmissão, assim como para o Telegram e outros programas semelhantes.

No caso de aplicativos como o WhatsApp ou o Telegram, as mensagens transitam criptografadas, só podendo ser recuperadas por algum intruso em duas situações: (1) a invasão de um hacker num equipamento em que ela esteja gravada (seja o do emissor, seja o do receptor) ou (2) a cooperação da empresa que gerencia o aplicativo, pois em seus servidores as mensagens estarão gravadas.

O mesmo não ocorre, no entanto, com um aplicativo chamado Wickr. Ele pode ser baixado normalmente pela internet e permite programar em que tempo a mensagem enviada será apagada de forma automática tanto do aparelho do remetente, como do aparelho do destinatário. Assim, as mensagens permanecem disponíveis num intervalo que varia de três segundos a seis dias, segundo o desejo do remetente.

A cada mensagem pelo Wickr é atribuída nova chave de criptografia. A recuperação das mensagens enviadas e apagadas pelo Wickr é quase impossível. Uma vez excluídas são varridas do dispositivo, que também exclui seus metadados e os das mídias compartilhadas.

O programa foi desenvolvido por um provedor sediado em San Francisco, nos Estados Unidos, tendo sido lançado em 2012, podendo ser usado tanto em smartphones operados por Android quanto em iPhones da Apple. Tem uma versão gratuita e outra, mais aperfeiçoada, vendida.

ESTADO POLICIAL

Outra possibilidade para criar barreiras para a espionagem é o serviço de mensagens *end-to-end* codificadas, como o Signal, em vez de e-mails normais. Nestes, os servidores em geral têm acesso ao conteúdo das mensagens, o que não acontece no Signal, aplicativo que pode ser baixado também pela internet. Em seu site, o Signal anuncia:

> [Você] pode criar grupos e conversar em tempo real com várias pessoas de uma vez, além de compartilhar arquivos, inclusive de mídia, com completa privacidade. O servidor nunca tem acesso às suas mensagens, nem armazena nenhum dos seus dados.

Há, por fim, a possibilidade de se usar outros serviços que ofereçam criptografia em trânsito. Há opções na internet.[48]

Pode ser consultado, também, um trabalho do Laboratório de Mídia da UFRJ sobre segurança digital[49] ou uma matéria do site UOL, postada quando vazaram as conversas do ministro Sérgio Moro com o procurador Deltan Dallagnol. Eles trazem boas dicas.[50] Essas conversas, obtidas pelo site *The Intercept Brasil* e publicados em diversos veículos a conta-gotas, mostram uma relação pouco republicana entre o então juiz Moro e um conjunto de procuradores que trabalha na Operação Lava-

---

48. Disponível em: <https://www.eff.org/encrypt-the-web-reporthttps://freedom.press/training/>.
49. Disponível em: <http://medialabufrj.net/blog/2018/11/dobras-23-seguranca-digital-em-tempos-de-excecao/>.
50. Disponível em: <https://noticias.uol.com.br/tecnologia/noticias/redacao/2019/06/10/como-hackers-tiveram-acesso-a-conversas-privadas-de-sergio-moro.htm>.

CELULARES, COMPUTADORES, NOTEBOOKS E TABLETS

-Jato, entre os quais Dallagnol. Moro sai de seu papel de juiz e aparece orientando a acusação contra alguns réus.

Aliás, sobre esse vazamento, aparentemente, há apenas três hipóteses para que a troca de mensagens tivesse vindo à tona: a primeira é a invasão de um hacker, o que teria sido facilitado pelo dono do celular ou do computador invadido ter clicado em algum programa malicioso que lhe foi enviado; a segunda, que um dos integrantes do grupo de mensagens ou algum assessor tenha vazado de modo consciente; a terceira, a invasão nos arquivos da empresa Telegram.

Outras dicas de segurança que são úteis para defender a privacidade na internet podem ser encontradas no site <https://ssd.eff.org/pt-br/autodefesa-contra-vigil%C3%A2ncia> e também neste <https://securityinabox.org/pt/>.

Na mesma época em que apareceu a notícia da invasão às mensagens trocadas por Moro e Dallagnol, foi publicada uma matéria da BBC, em português, sobre o tema, focando no Telegram, o aplicativo usado por eles.[51]

Tal como ocorre com celulares, computadores, tablets ou notebooks conectados à internet também podem ser hackeados e terem o conteúdo copiado. Mas, também nesses casos, é preciso que o hacker tenha acesso físico ao equipamento ou que seu dono inadvertidamente clique num programa malicioso que lhe tenha sido enviado. Por isso, quem quiser garantir sua privacidade deve ter cautela e não sair clicando em links de procedência desconhecida ou executando anexos de procedência duvidosa. Outra informação, se um celular for hackeado, é muito difícil que o dono perceba a interceptação.

---

51. Disponível em: <https://www.bbc.com/portuguese/brasil-48589211?ocid=wsportuguese.chat-apps.in-app-msg.whatsapp.trial.link1_.auin>.

ESTADO POLICIAL

Uma boa providência é manter gravados em pendrives ou em discos rígidos externos, depois de desconectados do equipamento, os arquivos que se queiram manter longe de indesejáveis. Em relação aos pendrives, porém, é preciso levar em conta que, como são dispositivos usados em vários computadores, podem se tornar propagadores de *malwares*. Cautela, pois.

Uma alternativa mais segura é a utilização de pendrives especiais com criptografia física, como o iStorage de datAshur, que podem ser adquiridos no mercado.

É bom que se saiba ainda, que, tal como ocorre no caso de um celular, um computador apreendido pode ter recuperadas informações apagadas quando nas mãos de especialistas.

Pode, também, mostrar os sites pelos quais seu dono navegou e que pesquisas fez, pela quebra de sigilo dos dados telemáticos. Esse trabalho pode ser feito também de forma remota. Foi assim, pesquisando o computador do miliciano Ronnie Lessa, com autorização judicial para a quebra de sigilo de dados telemáticos, que a polícia constatou que ele investigou durante três meses a rotina não só de Marielle, mas de outros ativistas em defesa dos direitos humanos.

Foi comprovado, também, que o miliciano buscou informações sobre a submetralhadora MP5, usada no crime, e sobre um silenciador apropriado para ela.

Ainda sobre computadores e notebooks, vai uma dica. Um programa muito usado é o editor de textos Word. Mas um usuário que queira preservar a privacidade pode desabilitar os recursos de verificação ou de recuperação de versões anteriores de um documento editado.

Ainda sobre o Word, é bom saber que um especialista pode recuperar um arquivo gravado e, depois, apagado. Há, porém,

CELULARES, COMPUTADORES, NOTEBOOKS E TABLETS

uma boa forma de defesa: a recuperação de um arquivo não trará todas as versões anteriores, mas apenas a última ou as últimas. Assim, um texto que se queira proteger pode ser apagado em etapas. Como primeiro passo, ser reduzido a uma linha e salvo. Essa linha passará a ser a última versão. Depois, pode-se seguir cortando uma ou duas letras e salvando de novo. Assim, se as últimas versões forem recuperadas, elas não conterão nada significativo.

É bom saber também que um texto ou e-mail saído de um computador permite a identificação do seu IP. Mas, ao contrário do que às vezes se pensa, o endereço de IP não está exatamente relacionado ao aparelho, mas à sua localização no momento de uso e à origem da conexão, ou seja, à torre de transmissão. Assim, se o mesmo equipamento for usado em outro lugar, distante, o IP será diferente.

Com base no endereço de IP, data e hora, pode ser determinado o circuito de internet de origem (o modem numa residência, numa empresa ou numa lan house, ou um terminal móvel) e localizar de forma bastante aproximada por onde se deu a conexão. No caso de uma residência com wifi, a localização é precisa.

Se a postagem for feita a partir de um celular na rua, o aparelho será identificado, assim como a torre que fez a conexão. Assim, se a pessoa estiver em trânsito, não será localizada.

O mesmo vale para a participação em redes sociais, como Facebook, Instagram, Twitter ou Messenger. Ou seja, se uma pessoa se conecta à rede e posta algo, ou mesmo curte algo, pode ser localizada.

Outra coisa: mesmo que o IP do computador de alguém não seja conhecido, se o equipamento estiver num local vinculado a uma determinada pessoa (casa ou escritório), pode servir para que seja feita a relação entre ela e o computador (e, portanto, aquele IP).

O uso do Facebook pode levar à localização física da pessoa que está interagindo nas redes sociais. O mesmo vale para o Instagram e o Messenger.

É bom ter cautela com o uso de lan houses. Elas são facilmente localizadas. E, por determinação legal, são obrigadas a ter câmeras para facilitar o controle. Em alguns estados, como o Rio de Janeiro, é exigida também a identificação do usuário.

Lembre-se, ainda, de que tudo o que for digitado numa lan house pode ficar num arquivo que ela mantenha, sem informar os usuários. São conhecidos casos de pessoas que usaram internet banking em lan house e, depois, tiveram a conta bancária invadida.

Greenwald, no já citado livro *Sem lugar para se esconder*, faz menção a um programa de nome OTR (acrônimo de Off The Record), que ele próprio baixou pelo Google e que permite conversas por chat defendidas de interferência. Assim, pode ser criado um grupo com pessoas que instalem o programa em seus computadores e conversem entre si sem serem espionados.

A conveniência de se ter uma rede de celulares pré-pagos, já tratada aqui antes, pode ser pensada também para computadores, usando-se equipamentos (e IPs) não conhecidos.

Podem também ser criados endereços de e-mails alternativos que não passem pelos computadores pessoais. Esses endereços só seriam usados em computadores sabidamente não conhecidos que, por sua vez, só fariam contato com outros na mesma situação. Provedores (servidores de e-mails) como ProtonMail, Mail2Tor, Onion Mail, Autistici, Guerrilla Mail, alguns deles gratuitos, podem ser usados.

CELULARES, COMPUTADORES, NOTEBOOKS E TABLETS

Há uma forma que aparece com frequência em filmes policiais: uma mesma identidade de correio eletrônico ser usada por duas ou mais pessoas. As mensagens não são enviadas, mas apenas salvas no rascunho. Como os integrantes do grupo conhecem o endereço de e-mail e a senha, podem acessar as mensagens no rascunho, cada qual em seu computador. Mas isso não oferece segurança, porque o e-mail vai transitar do primeiro computador até o servidor e fica gravado lá como rascunho. Dá mais ou menos no mesmo. Além disso, as mensagens ficam armazenadas nos servidores.

É, ainda, possível buscar programas, como um chamado PGP, que trabalha com um código composto por centenas, ou até milhares, de números aleatórios e letras, com distinção entre maiúsculas e minúsculas. Ele pode resistir aos mais modernos softwares de quebra de senhas com capacidade de um bilhão de tentativas por segundo, que levariam anos para quebrá-lo, segundo informa o já citado livro de Greenwald. O programa pode ser baixado pela internet.

Inventado em 1991, o PGP – que em inglês significa *pretty good privacy* (privacidade bastante razoável) – foi aprimorado até se tornar uma sofisticada ferramenta de proteção para e-mails e outras formas de contato on-line contra vigilância e hackers.

Basicamente, o programa envolve cada mensagem em um escudo de proteção composto por centenas, ou até milhares, de números aleatórios e letras com distinção entre caixa alta e baixa. As agências de inteligência mais avançadas do mundo – grupo que sem dúvida inclui a NSA – têm softwares de quebra de senhas com capacidade de um bilhão de tentativas por segundo, mas os códigos PGP são tão compridos que mesmo o mais sofisticado dos softwares precisa de muitos anos para quebrá-los. As pessoas que mais temem ter suas comunicações monitoradas, como agentes de inteligência, espiões, ativistas de direitos humanos e hackers, confiam nesse padrão de criptografia para proteger suas mensagens.

Os interessados em aprofundar os conhecimentos sobre criptografia podem saber mais na internet.[52]

Há ainda as chamadas *deep web* e *dark web* ("internet profunda" e "internet escura"), que costumam ser usadas por criminosos envolvidos com pedofilia, esquemas de prostituição e tráfico de drogas ou armas, muitos com atuação internacional. São camadas da internet que não podem ser acessadas através de mecanismos de busca comuns, como o Google. A propósito, em maio de 2019, foi preso em Paris, numa ação coordenada entre o FBI e a Polícia Federal, um criminoso israelense, com casa em Brasília, envolvido nos mais variados crimes, que usava essas faixas da internet.[53]

Uma possibilidade que, em outros tempos, se mostrou útil é um código caseiro criado nos anos de chumbo por um militante da resistência armada à ditadura. Na época, o mecanismo foi proveitoso. É verdade que não enfrentou os modernos sistemas de descriptografia hoje existentes, mas pela sua simplicidade e eficiência, pode ser usado.

---

52. Disponível em: <https://freedom.press/training/>.
53. Disponível em: <https://www.metropoles.com/distrito-federal/seguranca-df/acao-da-pf-com-fbi-prende-morador-do-df-que-usava-dark-web-para-crimes>.

CELULARES, COMPUTADORES, NOTEBOOKS E TABLETS

Esse código parte do princípio de que o passo inicial para descodificar um texto é a incidência com que aparece cada letra num determinado idioma. Por exemplo, a letra *A* no português é a mais recorrente. Sua simples substituição por outra letra não resolveria o problema. Se o *Q* substituísse o *A*, a incidência com que ele aparece seria um ponto de partida para a decodificação. Assim, buscou-se um código em que isso não acontecesse. O *A,* ou qualquer outra letra, ora é substituída por uma determinada letra, ora por outra. Por exemplo, a primeira vez que o *A* aparecesse no texto original, poderia estar sendo substituída por um *M* no texto codificado; na segunda vez, por um *R* e assim por diante.

Como fazer isso?

Digamos que a chave do código seja um número. Por exemplo, 592, escolhido aleatoriamente. A palavra *ANA* seria escrita da seguinte forma.

Ao primeiro *A* seriam somadas 5 letras (seguindo-se na sequência do alfabeto: B, C, D, E, F). O *A* seria, então, substituído pela letra *F*. A segunda letra de *ANA*, o *N*, seria escrita somando-se 9, pois a chave é o número 592. O *N* ficaria, então, como *X* (O, P, Q, R, S, T, U, V, X). Ao segundo *A* se somaria 2, ficando como *C*. A palavra *ANA* seria, então, representada por *FXC*.

Atente-se para o fato de que, nesse exemplo, a letra **A** é substituída por duas letras diferentes. E mais: a mesma palavra *ANA*, se aparecesse mais adiante, seria grafada de forma distinta.

O exemplo dado aqui foi simples. Buscou-se uma palavra curta (*ANA*) e um código-chave com poucos números. Há outras formas de aumentar as defesas.

ESTADO POLICIAL

Seguindo a mesma lógica, o código-chave poderia ganhar a forma de uma palavra e não de um número. Nesse caso, cada letra da palavra seria substituída por sua posição no alfabeto. Assim, por exemplo, se o código fosse *CAIO*, ele seria transformado numa combinação de números, a partir da colocação das letras no alfabeto. Ficaria, então: *3-1-9-15* (C=3; A=1; I=9; O=15).

Outras providências eram usadas para dificultar ainda mais a decodificação. A primeira, muito importante: não dar espaços entre uma palavra e outra no texto codificado. Outras variações eram usadas, pois elas podiam ser criadas livremente. Exemplo: em um caso se estabeleceu que, quando aparecesse uma letra minúscula em meio a um texto com maiúsculas, ela anularia todas as letras seguintes até a próxima minúscula (ou poderia anular um certo número de letras, escolhido de modo aleatório).

Em outro caso, estabeleceu-se que, quando aparecesse um *W* (ou um *Y*, por exemplo), as letras seguintes deveriam ser desconsideradas. Só voltaria a valer o escrito quando outro *W* ou outro *Y* (letras que no texto codificado eram substituídas por *V* e *U*, no caso do *W*, e por *I*, no caso do *Y*) aparecesse.

Enfim, as possibilidades são infinitas e podem ser criadas individualmente por quem usa o sistema. Seria o que, hoje, se chamaria a "customização" do código, para usar uma expressão da moda.

No início dos anos 1970, o DOI-Codi do Rio apreendeu várias mensagens com esse tipo de código e, embora conhecesse a sua mecânica, nunca conseguiu decifrá-las. Ou descobria a senha por meio da tortura, ou ficava sem decodificar a mensagem.

7. CÂMERAS, MICROFONES E OUTROS MECANISMOS DE VIGILÂNCIA

Muitas séries da Netflix, baseadas em casos reais, mostram que, há décadas, a instalação de câmeras e microfones em locais frequentados por pessoas vigiadas é usada. É provável que tenha ocorrido no Brasil algo parecido sem ter sido divulgado. Deve-se ter em conta uma regra: quem investiga – legal ou ilegalmente – evita dar publicidade a suas formas de ação.

A propósito, a Net oferece aos clientes um serviço para instalar câmeras e microfones. Está no site da empresa com o nome de Net SmartHome Monitoramento. Há outras empresas apresentando serviços similares. Coisa semelhante pode mesmo ser usada na espionagem política, também por milicianos.

Mas há também câmeras de vigilância instaladas em vias públicas. Na investigação sobre o assassinato da Marielle, foram usadas. Só que parte delas estava danificada ou desligada. No trajeto feito pelos assassinos da Barra de Tijuca à Lapa, havia onze câmeras da prefeitura, mas apenas seis delas funcionavam.

ESTADO POLICIAL

No início de 2019, começou a ser implantado um projeto para dotar as grandes cidades brasileiras de câmeras ligadas à polícia. Segundo se anunciou, será possível localizar e identificar alguém focalizado pelas câmeras, que estarão conectadas a softwares modernos de reconhecimento facial. Isso já estaria em pleno funcionamento em outros países.[54]

No carnaval de 2019, três pessoas procuradas pela polícia que brincavam em blocos de rua em Salvador teriam sido identificadas com a ajuda de câmeras e presas. As imagens do rosto foram processadas por programas de reconhecimento facial. Esses programas são de origem chinesa, mas os jornais noticiaram que o Japão estava, também, oferecendo softwares semelhantes.

Daí se deduz que alguém que queira passar despercebido – seja qual for o motivo – deve evitar a circulação por vias em que haja câmeras ligadas a programas de reconhecimento facial.

Em muitas blitze na rua, a PM usa um tablet pelo qual acessa os dados de um carro que se aproxima, antes mesmo de ele ser parado. Assim é possível saber se o veículo está com problemas na documentação ou se tem multas pendentes. Pode-se ver também nome e endereço do proprietário. Isso significa que, caso a repressão se interesse por um carro, mesmo fora de uma blitz, pode ter todos esses dados. Se o carro é usado por alguém procurado, é uma informação fundamental. O mesmo procedimento pode ser usado por milicianos que disponham do equipamento.

---

54. Disponível em: <https://theintercept.com/2019/02/27/carnaval-cameras-rio/>.

CÂMERAS, MICROFONES E OUTROS MECANISMOS

Cerca de vinte anos antes da escrita deste livro, escutas foram usadas pelo FBI no acompanhamento dos agentes cubanos presos em 1998 e depois condenados como espiões nos Estados Unidos. O FBI entrava regularmente na casa de um deles e, lá, revistava e copiava o que havia no computador (que não era conectado à internet). Isso foi antes da explosão dos celulares e do desenvolvimento de outras tecnologias mais avançadas. A respeito, ver o excelente livro *Os últimos soldados da Guerra Fria*, de Fernando Morais.[55]

Mas, antes mesmo do surgimento de uma extensa parafernália para controle da vida das pessoas, métodos mais simples foram usados e muitas vezes davam bons resultados.

Assim, por exemplo, pessoas que suspeitem de monitoração devem ter atenção em técnicos de luz ou gás, pipoqueiros, sorveteiros, camelôs ou mendigos nas proximidades de casa. Disfarces assim são usados para a vigilância. Em ruas movimentadas passam despercebidos. Em outras, desertas, podem chamar a atenção de um observador arguto.

A ditadura usou também apontadores do jogo do bicho para vigiar "aparelhos" de militantes de esquerda, numa parceria entre os órgãos de repressão e os chefões da contravenção. Porteiros são também, sempre, importante fonte de informações para quem quer bisbilhotar a vida alheia.

Na vigilância que resultou na queda de uma reunião de dirigentes dos Tupamaros, na primeira metade dos anos 1970, em Montevidéu, teria sido usado um agente que, disfarçado, vendia frutas e legumes, como se fosse quitandeiro numa barraca de rua.

---

55. MORAIS, Fernando. *Os últimos soldados da Guerra Fria*. São Paulo: Companhia das Letras, 2011.

ESTADO POLICIAL

Nas quedas do MEP (Movimento pela Emancipação do Proletariado), nos últimos anos da década de 1970, a repressão usou apartamentos próximos aos "aparelhos" (alugados, cedidos pelos donos ou apenas ocupados à revelia) para vigilância e registro fotográfico.

No monitoramento de um casal de militantes da ALN (Aliança Libertadora Nacional) – Antônio Carlos Bicalho Lana e Sônia Moraes Jones –, presos e mortos na tortura em 1973, o DOI-Codi paulista alugou um apartamento no prédio para o qual eles tinham se mudado em São Vicente, no litoral de São Paulo, e os vigiou durante um mês.[56]

Atenção com o lixo. Uma providência de quem vigia um local é examinar o lixo. Mesmo em tempos de uso intensivo de computador, ele traz muita informação. Não à toa, órgãos públicos e embaixadas têm máquinas para triturar folhas de papel.

O líder do grupo peruano Sendero Luminoso, conhecido como "presidente Gonzalo", teria sido preso a partir de uma investigação sobre o lixo. A repressão sabia que ele sofria de psoríase e tomava regularmente um remédio não muito comum. A busca no lixo de bairros inteiros levou-a a encontrar embalagens do remédio. A partir daí, depois de meses de uma investigação que foi se estreitando, o aparelho foi localizado.

A morte de Iara Iavelberg, companheira de Carlos Lamarca, em 1971, se deu da seguinte forma. Só um dirigente sabia o endereço do aparelho novo, para onde ela fora transferida, em Salvador. No entanto, um militante torturado

---

56. GODOY, Marcelo. *Op. cit.*

CÂMERAS, MICROFONES E OUTROS MECANISMOS

levou a polícia a um ponto de veículos para frete, informando que de lá saíra a Kombi usada para fazer a mudança de móveis para o aparelho da Iara. Todos os motoristas do ponto foram enfileirados e o preso identificou quem tinha feito a mudança. O motorista se lembrou do endereço do aparelho, e Iara foi morta.

Por fim, é bom ter cuidado com o uso de táxis de pontos perto de casa ou de locais frequentados de forma habitual. É bom preferir sempre táxis em movimento. Uber tem uma dose um pouco maior de segurança, mas nada impede que a repressão ou milicianos plantem um Uber perto da moradia de alguém vigiado e que seja sabidamente usuário do serviço, para que ele tenha prioridade quando houver algum chamado.

8. INFILTRAÇÕES POLICIAIS. MAIS USADAS DO QUE SE IMAGINA

Ao contrário do que se pensa não foi a tortura a principal prática que levou à desarticulação da maioria das organizações de esquerda nos anos 1970. Embora ela tenha sido muito importante para desestruturá-las, o golpe final foi dado pelas infiltrações.

Os órgãos de repressão não divulgam essa informação por razões operacionais. Preferem arcar com o ônus político do uso da tortura. Aliás, sempre se deve duvidar das versões que a repressão apresenta. O compromisso com a verdade é nenhum e é frequente algum interesse oculto nos comunicados que divulgam. As informações são falseadas, seja para minimizar algum desgaste político que a verdade poderia trazer; seja para manter formas de atuação desconhecidas; seja para proteger informantes; seja para criar desavenças entre militantes; seja, por fim, para reforçar a criminalização de alguém diante da Justiça. Assim, o que os órgãos de repressão política afirmam deve ser sempre posto sob suspeita.

E, como descobrir um infiltrado? No caso de ele ter sido plantado artificialmente pela repressão, é mais fácil percebê-

ESTADO POLICIAL

-lo. E, mesmo que não seja descoberto, é difícil que ele consiga ascender na estrutura de um partido de esquerda ou de uma organização popular. Há poucos exemplos de sucesso de infiltração dessa forma. O infiltrado não tem os trejeitos, o vocabulário e a cultura da esquerda.

É diferente quando a repressão recruta militantes de esquerda, em troca de dinheiro ou, o que foi mais comum na ditadura, em troca da vida ou do fim da tortura. Mas ela usa também chantagem, ameaçando tornar pública infidelidade conjugal, homossexualidade escondida, corrupção etc. Mais recentemente, surgiu, ainda, a possibilidade de acordos de delação premiada que permitem a diminuição de penas e a obtenção de outras vantagens para o preso.

O fato é que um militante recrutado pela repressão e que tenha trocado de lado é muito mais difícil de ser descoberto. Ele é um peixe dentro da água. Além disso, o passado depõe a seu favor. Muitas vezes, tem uma relação pessoal com os demais militantes, o que torna difícil aceitar que ele seja um agente infiltrado.

Nos Estados Unidos, o FBI desarticulou os Panteras Negras, organização antirracista americana muito expressiva no fim dos anos 1960, a partir de infiltrações. Elas não só trabalhavam como informantes, mas também fomentavam discórdias e brigas internas.

Mais uma coisa: ao contrário do que se possa supor, não foram apenas iniciantes os que se tornaram traidores. O "Vinicius", do PCB (Partido Comunista Brasileiro), Severino Teodoro de Melo, era dirigente do partido há décadas. Ex-militar, tinha participado da insurreição de 1935 e foi

INFILTRAÇÕES POLICIAIS

recrutado pela repressão na década de 1970, quando preso. Àquela altura, tinha cerca de quarenta anos de militância. Chegou a viajar para a URSS e se reunir com Prestes já sendo agente policial infiltrado na direção do PCB. Foi o principal responsável pela destruição da maior parte do Comitê Central do partido nos anos 1970.[57]

Outro dirigente, Adauto de Oliveira, era também informante. Só foi desmascarado porque a KGB descobriu sua ligação com a CIA[58] e passou a informação a Prestes, que estava na URSS. Afastado pelo partido, tempos depois, o próprio Adauto deu uma entrevista à imprensa, admitindo ser o "agente Carlos", informante da CIA na direção do Partidão.[59]

Na época, aliás, alguns dirigentes do PCB foram abordados na rua por agentes americanos propondo-lhes que colaborassem com a CIA, depois de darem informações mostrando como a cúpula do partido no Brasil estava mapeada. Um deles, Armênio Guedes, enganou os americanos. Pediu 24 horas para pensar na proposta, marcou um ponto para o dia seguinte com o emissário da CIA e saiu imediatamente do país por conta própria, sem contato com a estrutura partidária.

(Uma explicação: ponto era a forma como eram chamados os encontros de rua entre militantes. O fato de não serem locais fixos, como um endereço, fazia com que, em caso de prisão e tortura, passada a hora do encontro, a informação já não tivesse serventia para os órgãos de repressão.)

---

57. GODOY, *Op. cit.*
58. *Ibidem.*
59. Disponível em: <http://revistaepoca.globo.com/tempo/noticia/2011/12/acoes-da-cia-no-brasil.html>.

ESTADO POLICIAL

Segundo o livro *A casa da vovó*, o Cenimar (Centro de Informações da Marinha) também tinha infiltração nos altos escalões do PCB.

Joaquim Câmara Ferreira, o Toledo, braço direito e sucessor de Marighella como dirigente máximo da ALN, foi preso e assassinado na tortura quando compareceu a um ponto com um militante cooptado pela repressão e que trabalhava para o delegado Sérgio Fleury. Esse militante tinha feito treinamento militar em Cuba e fora preso em Belém. Apareceu depois contando ter tentado o suicídio na prisão cortando os pulsos, e que, levado para um hospital, tinha fugido. Retomou os contatos com a ALN, no Pará e, depois, em São Paulo, teve um ponto com Toledo e o entregou a Fleury.

Uma advertência: houve efetivamente casos de fugas de presos de quartéis ou de hospitais, mas na maioria das vezes essas histórias foram usadas para encobrir o recrutamento de militantes pela repressão e permitir a sua reintegração às organizações de que participavam.

Jover Teles, o "Vip" (codinome no DOI-Codi), também foi dirigente histórico da esquerda. Já era militante há quarenta ou cinquenta anos quando passou a trabalhar para o CIE (Centro de Informações do Exército). Começou a vida política como líder sindical de mineiros em Santa Catarina. Foi dirigente do PCB, do PCBR (Partido Comunista Brasileiro Revolucionário) e, por fim, do PCdoB (Partido Comunista do Brasil). Preso em meados dos anos 1970, foi recrutado no DOI-Codi/RJ. Solto, reintegrou-se ao partido e passou a trabalhar para a repressão. Foi quem levou os militares ao aparelho em que se realizava uma reunião do Comitê Central

INFILTRAÇÕES POLICIAIS

do partido na Lapa, em São Paulo. Na ocasião, morreram três dirigentes e foram presos outros tantos, à medida que iam saindo da casa. Em certo momento, os agentes da repressão assassinaram os que permaneciam no aparelho. Teles participou da reunião, mas saiu antes do massacre.

O trabalho de reimplantação da VPR (Vanguarda Popular Revolucionária) no Brasil, no início dos anos 1970, foi liquidado a partir de informações do Cabo Anselmo (Anselmo José dos Santos, líder do movimento dos marinheiros no pré-golpe, em 1964). Anselmo estava infiltrado na direção da organização no Nordeste. Nunca se soube com segurança se antes do golpe de 1964 ele já era agente da repressão, embora haja fortes suspeitas nesse sentido. Mas em 1970, trabalhava diretamente com o delegado Sérgio Fleury.

Ele não teria sido o único caso de infiltração no período final da VPR. O DOI-Codi/SP teria tido outro agente na organização na região Sudeste.[60]

A VAR-Palmares (Vanguarda Armada Revolucionária – Palmares) foi praticamente dizimada num processo que teria tido a ajuda de um infiltrado na direção. Ele teria participado em ações armadas e estado em Cuba e no Chile.

A AP (Ação Popular) também teve sua direção aniquilada com a ajuda de uma infiltração.

Na primeira metade dos anos 1970, já depois do assassinato de Toledo, o fim da ALN foi apressado com o recrutamento, pelo DOI-Codi/SP, de "Jota" (João Henrique Ferreira de Carvalho), do setor de inteligência da organização. Ele foi

---

60. GODOY, Marcelo. *Op. cit.*

ESTADO POLICIAL

decisivo para a destruição do que restava do grupo. A ALN teve pelo menos outra infiltração na época (Fritz, codinome de Wilson Müller).[61]

O Molipo (Movimento de Libertação Popular, uma dissidência da ALN que teve como núcleo central um grupo de militantes que treinou guerrilha em Cuba) teve também infiltrações.[62]

Outra infiltração foi realizada por um militante do MR-8 (Movimento Revolucionário 8 de Outubro) que passou para o lado da polícia, no início dos anos 1970, com a mulher. Ambos foram presos e libertados, tendo sido responsáveis por quedas e mortes no início daquela década. Posteriormente, já depois da anistia, ele reapareceu como militante do PT na primeira metade dos anos 1980. Estava vinculado ao grupo O Trabalho, uma corrente interna do partido. Reconhecido por um antigo dirigente do MR-8 que militava no PT, foi desmascarado e convocado para se defender das acusações de ser um agente policial numa reunião da Executiva Estadual. Preferiu desaparecer.

Em meados de 1979, pouco antes da aprovação da Lei da Anistia, a repressão tentou um golpe curioso. Enviou uma agente para tentar se aproximar de exilados que estavam na Europa, em vias de retornar. Ela era uma mulher muito atraente. Tomou o voo em que estavam velhos trabalhistas a caminho de uma reunião organizada por Leonel Brizola em Lisboa, com vistas à reorganização do PTB (que depois

---

61. *Ibidem.*
62. *Ibidem.*

INFILTRAÇÕES POLICIAIS

acabou sendo obrigado a adotar o nome de PDT). No desembarque em Portugal, já era próxima de um dos trabalhistas. Convidada por ele, participou de várias reuniões.

Depois a moça foi à Suécia, onde procurou um exilado, levando livros com dedicatórias de pessoas de sua família. Recebida, depois de uma conversa longa e de muitas doses de vodca e uísque, identificou-se como integrante de uma nova organização armada no Brasil, contando histórias que qualquer militante experimentado descobriria serem falsas. Pediu que o exilado lhe abrisse contatos com a Anistia Internacional e com Cuba, país em que sabidamente ele tinha vivido. Foi posta para fora da casa. Os livros que levou, com dedicatória de pessoas próximas, se deviam ao fato de sua mãe ser vizinha, no Rio, do pai do militante. Assim, foi fácil oferecer-se para levar presentes. Interessante registrar que a mãe da moça mudou de endereço uma semana depois dos fatos aqui relatados.

Houve ainda muitas outras tentativas de infiltração, bem-sucedidas ou não. Qualquer militante mais antigo e atento esbarrou numas quantas delas, na clandestinidade, na prisão, no exílio e, mesmo depois da anistia, no Brasil.

Até mesmo pessoas relacionadas em listas de desaparecidos políticos podem ser infiltrações desativadas que passaram a viver com outras identidades, fornecidas pela repressão. Nunca foram denunciadas porque é sempre delicado abordar esse assunto e acusar alguém sem provas.

O fato de determinadas ações da guerrilha não terem sido abortadas não quer dizer que quem teve conhecimento delas estivesse acima de qualquer suspeita. Num exemplo

ESTADO POLICIAL

extremo, mas interessante, basta dizer que o atentado que matou um ministro do czar, na Rússia, foi realizado com o conhecimento da polícia política. Ela tinha infiltrados no grupo. O episódio é relatado no excelente livro *O que todo revolucionário deve saber sobre a repressão*, de Victor Serge.[63]

Há, também, exemplos de ações armadas no Brasil que transcorreram sem problema e nas quais participaram pessoas de quem se desconfia seriamente terem sido agentes policiais infiltrados. É provável que, em pelo menos uma dessas ações, com impacto muito negativo na sociedade, tenha havido a participação de suspeitos de serem policiais infiltrados, na sua execução ou na sua inspiração.

É bom lembrar, ainda, que a repressão escolhia o local e o momento de atacar. Em geral, não investia no entorno do infiltrado, para preservá-lo. Muitas vezes, a partir de uma infiltração, ela seguia militantes e efetuava prisões longe do agente recrutado. É de se supor, inclusive, que, em alguns casos, por meio de prisões selecionadas, tenha aberto caminho para a ascensão interna de seus agentes.

Mais: a repressão nunca prendia de uma só vez todos os militantes que podia prender. Deixava gente solta para seguir controlando a reorganização a partir das pontas que conhecia.

Os livros de Carlos Alberto Brilhante Ustra, ex-chefe do DOI-Codi/SP, *A verdade sufocada*[64] e *Rompendo o silêncio*,[65]

---

63. SERGE, Victor. *O que todo revolucionário deve saber sobre a repressão*. São Paulo: Editora Quilombo, 1980.
64. USTRA, Carlos Alberto Brilhante. *Rompendo o silêncio*. Brasília: Editora Editorial, 1987.
65. USTRA, Carlos Alberto Brilhante. *A verdade sufocada*. Brasília: Editora Ser: 2018.

INFILTRAÇÕES POLICIAIS

que devem ser lidos com cautela porque têm muita desinformação, contam algo interessante: num dado momento, na primeira metade doś anos 1970, o DOI-Codi/SP acompanhava de modo simultâneo quatro ou cinco pontas na ALN. Isso é plausível.

Houve, também, militantes de nível intermediário que eram controlados durante muito tempo pelos órgãos de repressão sem serem presos. Eram chamados pelos agentes do DOI de "montarias", porque a vigilância sobre eles permitia à repressão chegar a outros militantes. Por terem vida legal, muitas vezes eram procurados por quadros clandestinos. Há casos de "montarias" vigiadas durante anos sem serem presas e sem terem ideia do papel que involuntariamente jogavam. O livro *A casa da vovó*, já citado, traz alguns exemplos, citando nomes.

A situação política e a forma de atuação da repressão devem levar, naturalmente, a um maior ou menor rigor das normas de segurança das organizações de esquerda ou do movimento popular. Num quadro de democracia, Estado de Direito e respeito às garantias constitucionais, é menos grave a presença de um infiltrado, mesmo nos altos escalões (ainda que negativo, claro). Numa ditadura e na clandestinidade, os riscos e os prejuízos são infinitamente maiores. Muitas vezes, fatais.

Sem querer disseminar paranoia, mas trabalhando com a lógica, é de se supor que os partidos de esquerda, o movimento sindical e entidades combativas do movimento popular tenham tido agentes infiltrados depois do fim da ditadura. Isso é facilitado pelo fato de a esquerda não estar antenada

ESTADO POLICIAL

para a possibilidade, pois não haveria o risco imediato de uma ação repressiva.

Como não se pode acusar alguém sem provas, e estas são muito difíceis de conseguir, o melhor é adotar precauções que minimizem os danos causados por uma eventual infiltração.

Assim, em caso de desconfiança com algum fundamento, deve-se neutralizar o suspeito, mesmo sem provas definitivas. É importante se ter em conta de que não se está num julgamento, no qual vale o princípio *in dubio pro reo*. Havendo dúvidas fundadas, devem ser tomadas precauções. Elas podem ser troca de funções, afastamento relativo ou até um gelo total no militante a respeito do qual existem suspeitas.

Até certo ponto, a existência de infiltrações é inevitável. Elas têm consequências fatais quando as organizações revolucionárias se assemelham a grupos fechados, sem penetração popular. Mas, se não é isso o que ocorre e está em andamento um amplo processo de transformação social envolvendo milhões, elas certamente existirão, contudo, sem conseguir impedir as mudanças.

A título de curiosidade, só depois da Revolução de Outubro e a apreensão dos arquivos da Okhrana (a polícia política czarista), muitas infiltrações no Partido Bolchevique foram descobertas. Uma delas, a principal, no Comitê Central. O infiltrado, um militante que contava com a confiança da totalidade dos dirigentes, foi julgado e fuzilado. Victor Serge, em seu já citado *O que todo revolucionário deve saber sobre a repressão*, trata da questão.

INFILTRAÇÕES POLICIAIS

Desnecessário dizer que esse tema – infiltrações – deve ser tratado em círculos limitados. O exemplo ocorrido com o Cabo Anselmo e a VPR em Pernambuco dá a medida da importância dessa recomendação.

Mesmo depois de ter recebido informações de que Anselmo era um agente infiltrado e fora visto ao lado de Fleury no Dops de SP, a direção da VPR não tomou providências. Uma das fontes era confiável: um militante histórico do PCdoB, Diógenes Arruda Câmara, que estava preso. Na época, Anselmo era um dos dirigentes do trabalho de reimplantação da VPR no país, a partir de Pernambuco. O objetivo da repressão era atrair para lá o máximo de militantes que vinham do exterior, muitos deles trocados por embaixadores sequestrados.

Informada das suspeitas a respeito de Anselmo, a direção da VPR adotou o pior caminho. Convocou-o para uma reunião em Santiago, onde ela estava sediada, a fim de discutir o problema. Tratou a questão como se fosse o julgamento num tribunal, quando as acusações são apresentadas e o réu se defende. Mas questões dessa natureza numa organização na clandestinidade não podem ser tratadas assim. É suicídio.

Pois bem, Anselmo saiu do Brasil e viajou ao Chile, na época governado por Salvador Allende. Na reunião com a direção, defendeu-se das acusações e, reza a lenda, de forma teatral chegou a pôr um revólver sobre a mesa, lançando o desafio: quem o acusava de traidor estava autorizado a matá-lo. "Absolvido", voltou ao Brasil.

Mais tarde, porém, a direção da VPR teve a confirmação das denúncias e mandou um emissário a Pernambuco com a

ESTADO POLICIAL

ordem de que o trabalho fosse desmobilizado e os militantes se dispersassem. Só que, àquela altura, havia outros agentes infiltrados, inclusive um delegado da equipe de Fleury, aliás, "recrutado" por Anselmo. Esse delegado não era suspeito e foi informado da determinação. A repressão, então, resolveu antecipar o massacre do pessoal.

9. NUMA DITADURA ABERTA

Nem sempre um quadro de aumento drástico da repressão
e de desrespeito dos direitos humanos se dá com a implan-
tação de uma ditadura aberta, a exemplo das que ocorreram
na segunda metade do século XX em muitos países da América Latina. Ele pode se dar, também, em situações como as
existentes na Turquia, com Recep Tayyip Erdoğan, ou na
Hungria, com Viktor Orbán, no momento em que este livro
é redigido, o primeiro semestre de 2019. Sem que haja uma
ditadura declarada, governos eleitos restringem de forma
gigantesca as liberdades e o respeito aos direitos constitucionais. Um quadro assim pode se dar no Brasil de Bolsonaro.

O fato é que, numa situação de desrespeito aos direitos
constitucionais, os procedimentos para a proteção de dirigentes, ativistas e organizações voltadas para as lutas populares
deveriam mudar. Duas providências teriam que ser tomadas
imediatamente: a busca de proteção dos militantes mais importantes e visados; e a diminuição do ritmo de trabalho.
Seria diferente, claro, se uma ditadura viesse como resposta
das classes dominantes a um crescimento do movimento de
massas e à criação de uma situação revolucionária. Nesse

caso, sem deixar de proteger os militantes mais importantes, o natural seria a intensificação do trabalho de mobilização.

A necessidade da preservação dos quadros e das organizações populares numa circunstância de aumento qualitativo da repressão parece óbvia. Mas, na prática, não funciona assim. Há um desejo natural de se manter o ritmo das atividades, até mesmo para "preservar o moral da tropa".

Algo, no entanto, precisa ficar claro: não é o ativismo que vai fazer avançar a luta, ainda que possa apressar a reorganização de um setor ou outro. Porém, mesmo essa vantagem pode ir por água abaixo de modo muito rápido. As lutas por transformações sociais se assemelham mais a uma maratona do que a uma corrida de cem metros.

Numa ditadura, como o trabalho da repressão se desenvolve a partir das áreas contaminadas, é preciso reduzir os contatos dos dirigentes. Quanto menos frequentes e mais selecionados, maior a segurança.

Os exemplos de Marighella e de outros líderes das organizações de luta armada devem ser lembrados para mostrar como não se preservou de forma suficiente as direções das organizações, às vezes em nome de um combate à burocratização. Dirigentes de importância política fundamental e alvos de verdadeiras caçadas por parte dos órgãos de repressão cobriam pontos em grandes cidades quase diariamente, chegando a participar de ações armadas sem necessidade.

Basta dizer que Joaquim Câmara Ferreira, o Toledo, a segunda figura da ALN e veterano militante, com vasta experiência, ficou hospedado no cativeiro do embaixador americano Charles Elbrick, quando este foi sequestrado no Rio. O local foi descoberto – ou pelo menos tornou-se

NUMA DITADURA ABERTA

suspeito aos olhos do Cenimar – e isso foi percebido pelos sequestradores, que detectaram a vigilância externa. Nem assim Toledo deixou a casa. Só no fim da ação, quando os presos soltos em troca do embaixador já tinham sido levados para o México, ele e uns poucos integrantes do sequestro que não participariam da libertação de Elbrick – que se previa complicada, como efetivamente foi – deixaram a casa.

Se os órgãos de repressão não tivessem as ordens tão estritas para não dar nenhum passo que pudesse pôr em risco a vida do embaixador, quatro ou cinco participantes da ação poderiam ter sido seguidos e presos depois de se afastarem da casa. Entre eles, Toledo.

Em questões de normas de segurança, o PCdoB foi mais cauteloso. As quedas na reunião da sua direção se deveram a uma infiltração, quando um integrante da cúpula foi preso e passou a trabalhar para a repressão. Foi uma situação indefensável. Mas o partido tinha precauções mais rígidas. Por exemplo, não tinha a totalidade do Comitê Central em suas reuniões. Por isso, só a metade do CC caiu no encontro ocorrido na Lapa. E, entre membros da direção, usavam-se telefonemas de confirmação para um terceiro número antes de os pontos serem cobertos. Isso evitou quedas de dirigentes.

Mas há providências que podem ser tomadas quando surgem nuvens pesadas no horizonte, antes mesmo de um endurecimento da repressão. Uma delas: providenciar locais de recuo para os dirigentes. E, aqui, vale uma regra: não se deve misturar retaguarda com a frente de massas e o trabalho político aberto. Destas últimas é que, em geral, saem as pistas para o início do trabalho da repressão.

ESTADO POLICIAL

É interessante a experiência relatada no livro de memórias de Markus Wolf, *O homem sem rosto*, o organizador do serviço de inteligência externa da antiga República Democrática Alemã, na segunda metade dos anos 1940. O órgão que chefiou era equivalente ao que é a CIA norte-americana. Tal como esta, não fazia trabalho de inteligência dentro do país, num desenho semelhante ao dos Estados Unidos, onde quem faz isso é o FBI. Pois bem, Wolf conta que fez questão de começar o trabalho do zero e com um critério rígido: ninguém com militância anterior na esquerda seria aproveitado nas suas redes de espionagem. Levou mais tempo para organizar o trabalho, mas, depois, as redes se tornaram as mais eficazes, as mais defendidas e as mais difíceis de detectar entre todas as do campo socialista.[66]

Essa preocupação deve valer para a construção de uma rede de apoio aos líderes de esquerda que, de um momento para outro, possam ser alvo de uma caçada pelos órgãos de repressão. É conveniente buscar apoio longe das frentes de massa.

Em situações de repressão dura, a compartimentação de informações é vital. É mesmo condição de sobrevivência. A liberdade e a vida dos militantes e a defesa da estrutura de uma organização não devem depender principalmente da resistência individual dos presos, ainda que esta deva sempre ser estimulada.

Muitas medidas de segurança devem começar a ser pensadas antes que a situação se torne difícil. Depois, de afogadilho, tudo é mais complicado. Assim deve ser, por exemplo, com a busca de locais de recuo para militantes que possam vir a ser procurados. E aí há uma regra importante: deve-se combinar previamente com os moradores que acolherão militantes, as condições e o tempo em que eles ficarão. Isso evita problemas para os dois

---

66. WOLF, Markus. *O homem sem rosto*. Rio de Janeiro: Editora Record, 1997.

lados. É diferente alguém hospedar um militante enquanto este continua seu trabalho político, ou recebê-lo num momento de dificuldade, dando-lhe abrigo por uns poucos dias.

Algo evidente, mas que sempre é bom lembrar: pessoas muito procuradas não devem se refugiar na casa de pessoas próximas. Dependendo da importância que a repressão dê ao caso, a vigilância pode ser muito abrangente.

Outra coisa: se for o caso de se alugar "aparelhos", é bom lembrar que, de nada adianta compartimentá-los, se uma mesma pessoa é locatária ou fiadora de mais de um deles. Descoberto o primeiro, os demais estão contaminados.

Aliás, sobre "aparelhos" é bom que se saiba que muitos militantes foram presos porque, depois que alguém faltou a um ponto, foram à sua casa. Os agentes da repressão sempre ocupavam o local durante vários dias, na expectativa de prender quem aparecesse.

Na clandestinidade, o uso de codinomes variados é outra precaução importante. E é recomendável, que, se um mesmo militante tem contato com diferentes frentes de trabalho, tenha também diferentes codinomes, um para cada uma das frentes.

Vale lembrar a experiência de Jorge Semprún relatada na *Autobiografia de Federico Sánchez*. Semprún, que depois fez sucesso como escritor e roteirista de cinema (é dele o roteiro do filme *Z*), foi o único membro do birô político do PC espanhol dentro do país durante longos anos, nos duros tempos do regime franquista. Seu codinome era Federico Sánchez, daí o título do livro de memórias. Morava com um casal de militantes de classe média baixa que tinham vida legal, trabalhavam normalmente e eram desconhecidos, tanto da repressão, como dos militantes do partido. Tinha como

ESTADO POLICIAL

única tarefa abrigar Semprún. O casal só sabia que ele era um dirigente, mais nada. Naturalmente, isso lhe conferia um grau de segurança muito maior do que qualquer alternativa.[67]

Outra recomendação, de natureza política, mas com implicações na segurança: nunca se deixar levar pela ideia de que abandonar uma determinada linha é desrespeito aos mortos e torturados que ficaram pelo caminho no processo de sua aplicação. Muita gente morreu por isso. Nos primeiros anos da década de 1970 já se poderia prever que a guerrilha urbana no Brasil estava fadada ao fracasso. No Araguaia, bem mais de um ano antes de a guerrilha ser dizimada, já havia elementos para perceber que isso ocorreria. Tanto num caso, como no outro, uma espécie de compromisso com quem tinha se sacrificado foi um poderoso elemento conservador, dificultando a autocrítica e o recuo. E acabou arrastando mais gente para um sacrifício que poderia ter sido evitado.

Exemplo positivo relacionado a esse problema do recuo é o do MR-8, quando, em 1972, retirou do país e enviou para o Chile, na época sob o governo do socialista Salvador Allende, todos os seus quadros importantes. Deixou o restante da estrutura no Brasil em banho-maria. No exterior, fez com tranquilidade um debate que incorporou militantes já fora do país, reformulou a linha política e lançou as bases para a reorganização do trabalho no Brasil. Foi quando abandonou a perspectiva da luta armada.

Não é difícil compreender que essa decisão encontrou resistência de muitos quadros antigos e respeitados, que no exterior tinham feito cursos de preparação militar e esperavam o retor-

---

67. SEMPRÚN, Jorge. *Autobiografia de Federico Sánchez*. São Paulo: Paz e Terra, 1979.

NUMA DITADURA ABERTA

no ao Brasil. As divergências foram tão sérias que resultaram numa divisão da organização. Mas, se aquela decisão de sair do país não tivesse sido tomada, os militantes que estavam no Brasil provavelmente teriam sido assassinados, assim como os que estavam no exterior, caso tivessem retornado.

Por vivenciarem mais de perto o cerco no Brasil, os dirigentes no interior foram mais sensíveis para perceber a arapuca em que estava a luta armada.

Episódio parecido, embora não envolva a luta armada ou mesmo a revisão da linha política, deu-se com o PCB depois de vários episódios apontarem para que a estrutura e a própria direção do partido estavam contaminadas por infiltrações. Foi debatida numa reunião do Comitê Central, em novembro de 1973, uma proposta de retirada de todos os seus membros do país. Foi a última reunião do Comitê Central antes da anistia. Os golpes posteriores foram tão duros que, durante os seis anos seguintes, o órgão estava esfacelado e não se reuniu. Mas naquela ocasião em que se discutiu a saída do país, dos 31 presentes, 17 foram contrários à saída. Ao final, decidiu-se retirar apenas dez integrantes e não a totalidade do Comitê Central.[68]

Devido a essa decisão, muitos dirigentes foram assassinados. Outros, que estavam no exterior, foram presos na fronteira, quando tentavam voltar, pois se integraram a uma estrutura contaminada. E se somaram aos mortos na tortura.

Deve-se levar em conta algo simples: para militantes muito procurados, em vez de esquemas muito sofisticados, quase sempre a defesa mais eficiente é a simplicidade, é ficar como

---

68. GODOY, Marcelo. *Op. cit.*

ESTADO POLICIAL

peixe na água. Um exemplo: imediatamente depois do sequestro do embaixador americano, em setembro de 1969, no Rio, realizado numa ação conjunta entre o MR-8 e a ALN, houve quedas no MR-8. Virgílio Gomes da Silva, o Jonas, que tinha comandado a ação – era da ALN e morava em São Paulo – usou um artifício simples para retornar à sua cidade. Juntou-se à torcida de um time paulista que jogava no Maracanã naquela semana e voltou de carona em meio às torcidas organizadas. Certamente isso foi muito mais seguro do que, naquele momento, ficar em aparelhos do MR-8 ou aceitar o oferecimento de um carro que o levasse de volta a São Paulo.

Coisa parecida acontece com as fronteiras. O Brasil tem uma infinidade de fronteiras secas. Desde os tempos de chumbo, durante a ditadura militar, era relativamente tranquilo sair do Brasil e, com a carteira de identidade, passar para outro país, depois de um controle superficial ou inexistente. Há cidades vizinhas nos dois países e, nelas, os moradores circulam de um lado para o outro. Houve gente procurada que, depois do golpe de 1964, nem sequer precisou mostrar documento para sair do país. Comprou frutas e, com elas nas mãos, cruzou a fronteira sem ser importunado.

Recentemente, o italiano Cesare Battisti foi para a Bolívia sem problemas e com seu próprio documento de identidade, mesmo havendo ordem de prisão contra ele e seu rosto estar sendo exibido em jornais e noticiários de TV. Só foi preso porque, depois, pediu asilo na Bolívia e o governo Evo Morales o entregou à Itália.

10. A EVOLUÇÃO DA REPRESSÃO: INDO ALÉM DA TORTURA

Na ditadura militar, a tortura não foi só uma forma eficiente de obter informações para o combate aos grupos de oposição clandestinos. Serviu, também, como arma para intimidar pessoas e instrumento do terror de Estado. Muita gente acabava deixando de colaborar com os grupos clandestinos, mesmo apenas na retaguarda. Ao receber relatos, exagerados ou não, do que se passava nos porões do regime, se retraía. Nesse sentido, pode-se dizer que a tortura era parte da chamada guerra psicológica, teorizada pelos militares.

É errada a afirmação de que foram os norte-americanos os professores de técnicas de tortura aos militares brasileiros, embora eles possam ter dado algum tipo de assistência. Mas, é preciso reconhecer, o Brasil tem uma tradição de tortura de presos que vem da escravidão e continuou depois nas delegacias de polícia. Os militares aproveitaram essa experiência

ESTADO POLICIAL

trazendo policiais com vivência na tortura de presos comuns para a repressão política. Em todos os DOI-Codi isso aconteceu. Depois, inclusive, militares brasileiros instruíram os chilenos nos tempos de Pinochet.

Em São Paulo, a troca de experiências foi ainda mais longe e alguns novos agentes do DOI-Codi chegaram a fazer estágio para aprendizado no Dops, comandado por Fleury.[69]

Se a criação dos DOI-Codi tinha sido um primeiro salto de qualidade na repressão política, algum tempo depois, ao longo dos anos 1970, esta teve uma significativa evolução. No início da década, as informações eram, essencialmente, obtidas por meio de tortura. Com o tempo foram ganhando importância a investigação e a infiltração.

Com a criação dos DOI-Codi, as polícias políticas estaduais (Dops) perderam espaço. Por conta dos êxitos de Fleury, assassinando Marighella e Câmara Ferreira, o Dops de São Paulo continuou ativo, mesmo depois da criação do DOI-Codi. Mas as demais polícias políticas estaduais foram esvaziadas e limitadas a trabalhos burocráticos de preparação dos processos contra os presos políticos na Justiça Militar. A exceção foi o Dops do Rio Grande do Sul, chefiado por um delegado muito ligado ao Exército, Pedro Seelig.

A Marinha, que sempre teve um serviço de informações tido como eficiente e reservado, o Cenimar, era mais reticente a ceder seus quadros aos DOI-Codi. Tinha uma linha de atuação própria. No Rio, funcionava como ponto de apoio a Fleury, quando este necessitava operar na cidade.

---

69. GODOY, Marcelo. *Op. cit.*

A EVOLUÇÃO DA REPRESSÃO

A Aeronáutica, por meio do Cisa (Centro de Informações e Segurança da Aeronáutica), chegou a assumir a linha de frente da repressão política no Rio por um curto período, em 1971 ou 1972, quando o DOI-Codi foi desativado ao ser descoberto que vários de seus integrantes tinham se associado a um esquema de contrabando liderado por bicheiros. Data dessa época a ligação do capitão Guimarães, oriundo da repressão política, com o jogo do bicho e, depois, com o mundo das escolas de samba.

A partir de meados de 1970 (mais precisamente, do sequestro do embaixador alemão, em junho daquele ano), começaram os assassinatos deliberados dos quadros de direção das organizações armadas, dos militantes que tinham participado de sequestros de embaixadores e/ou dos que haviam treinado guerrilha no exterior. Sempre depois de interrogados sob tortura, claro. Mais tarde, essa prática se estendeu à maioria dos militantes das organizações armadas, que passaram também a ser mortos de forma sumária.

A política de assassinatos deliberados e as características exigidas pelo trabalho de infiltração levaram a que a repressão passasse a trabalhar com locais descaracterizados e clandestinos, sempre isolando os presos uns dos outros. Assim surgiu a chamada Casa da Morte, em Petrópolis, no Rio. No mesmo estado havia outros locais do gênero. O DOI-Codi/SP tinha, pelo menos, dois lugares semelhantes. O mesmo acontecia com Fleury, que mantinha um sítio em que foi torturado e morto Câmara Ferreira. O objetivo era evitar que militantes que seriam assassinados ou selecionados para que se tentasse fazer deles informantes fossem vistos por outros presos, ou por gente que não fosse do núcleo duro do DOI-Codi.

ESTADO POLICIAL

No Rio, esse órgão, quando foi criado, por exemplo, funcionava dentro de um quartel da Polícia do Exército. Soldados que prestavam o serviço militar regular levavam a comida dos presos. Embora não assistissem às torturas e fossem proibidos de trocar palavras com presos (determinação nem sempre respeitada), viam muitos deles desfigurados pelas torturas e ouviam seus gritos ao serem interrogados. Isso, claro, deixava muitos soldados impressionados e abria espaços para a quebra do sigilo. Alguns nomes de torturadores militares do Exército foram conhecidos em conversas noturnas de presos com soldados de plantão.

Os métodos de tortura também foram se sofisticando. Em 1969 e no início da década de 1970, os presos, muitas vezes encapuzados, eram submetidos a choques elétricos, afogamento e pau de arara, além de espancamentos. As variações, do tipo cadeira do dragão, não mudavam muita coisa. Os choques eram aplicados em vários lugares do corpo do preso, como órgãos genitais (tanto de homens, como de mulheres), orelhas e língua. Eles queimavam a pele, pois os fios – fortes e longos – eram amarrados ou fixados no corpo do torturado. Mas seu pior efeito advém da passagem da corrente elétrica pelo corpo do preso. Por isso, depois dos primeiros dias, em que havia a clara intenção de impressionar o torturado, os choques em geral eram aplicados com os torturadores amarrando um fio no dedo mindinho do pé direito e outro no dedo mindinho da mão direita. Eles evitavam os choques do lado esquerdo, por causa do coração, e, ao amarrar os fios da forma descrita, faziam com que a corrente elétrica passasse por uma superfície maior do corpo.

A EVOLUÇÃO DA REPRESSÃO

Em alguns presos era aplicado o chamado "soro da verdade", nome como era conhecido o pentotal sódico. Ele era injetado com lentidão na veia do preso imobilizado, que ia ficando com o raciocínio entorpecido e a voz pastosa, enquanto os interrogadores faziam perguntas sem muita relevância. Aos poucos vinham as perguntas cujas respostas buscavam. Funcionou com alguns poucos presos, mas não com a maioria (por outro lado, não eram muitos os que recebiam o tal soro, talvez só os mais recalcitrantes). Os torturadores tinham um problema com o uso do pentotal: se passassem da dose ideal, o preso dormia; se ficassem aquém dela, o preso ficava desorientado, mas mantinha consciência suficiente para mentir ou não dar as informações desejadas.

Todos esses métodos foram mantidos, reconhecidamente, como os principais. Porém, em 1971, foi criada no DOI-Codi do Rio a chamada "geladeira" ou "caixinha de música". Era uma cela pequena, fechada, com barulho de turbina de avião em seu interior e temperaturas baixíssimas. Esse método não substituía a tortura direta, que continuava a ser usada, em especial nos primeiros dias, quando o objetivo central era descobrir pontos e "aparelhos" – informações que caducariam a curto prazo. A "caixinha de música" era usada para quebrar a resistência dos presos e tentar obter informações que serviriam mais a longo prazo. Alguns presos eram mantidos nela durante muitos dias, só saindo para serem interrogados. A situação de desconforto dificultava que dormissem nos momentos em que não estavam sendo torturados. Consta que esta foi uma contribuição da Grã-Bretanha, baseada na sua experiência de combate aos guerrilheiros do IRA (Exército Republicano Irlandês).

ESTADO POLICIAL

Mas a mudança significativa – e decisiva – no trabalho da repressão foi o fortalecimento da investigação. Ela passou a não mais prender para – por meio da tortura – obter informações. Mudou seu *modus operandi*. Primeiro investigava para, só depois, prender. Isso não a impedia, claro, de torturar os presos para tentar extrair mais informações. Essa mudança foi uma resposta ao aperfeiçoamento dos métodos usados pelas organizações clandestinas.

Estas criaram pontos de segurança a serem cobertos automaticamente se um primeiro ponto fosse furado. Se quem faltou ao primeiro ponto faltasse também ao ponto de segurança, é porque estava preso. Foram criados pontos em movimento – percursos que o militante deveria cumprir, a pé, para ser abordado em algum momento e local pelo companheiro, o que tornava mais difícil o trabalho da equipe de captura.

Foi criado também um esquema no qual um "escoteiro" buscava num ponto alguém e o levava, não muito longe dali, a um dirigente. Como esse "escoteiro" não teria contato com mais ninguém na organização, era difícil que fosse preso, a não ser no ponto em que buscaria o militante a ser levado ao dirigente. E, se fosse preso ali, não haveria tempo hábil para ser torturado e delatar o local em que encontraria o dirigente.

Havia, ainda, o chamado "ponto de polícia" – um ponto que o preso abriria na tortura, no qual teria que ficar esperando um companheiro ou fazer um trajeto caminhando que permitisse ser visto de longe por alguém que passasse a pé, de carro, trem ou ônibus. Diferentemente dos pontos comuns, no "ponto de polícia" o militante não seria abordado por um companheiro. Servia apenas para que fosse visto, significando que estava preso.

128

A EVOLUÇÃO DA REPRESSÃO

Os "aparelhos" passaram a ser conhecidos, de forma geral, apenas por quem morasse neles. Caso um dos moradores não chegasse até determinada hora, os demais abandonariam o local. O encontro entre eles se daria, então, num ponto de segurança no dia seguinte.

Outra coisa: ao chegar a um aparelho, os moradores deveriam sempre se aproximar de forma a poder perceber se havia um sinal para que não entrassem (uma toalha na janela, ou coisa do gênero), dado que, como foi dito, agentes da repressão ficavam durante dias dentro de aparelhos descobertos, para prender quem aparecesse. Houve militantes que se salvaram porque viram o sinal deixado por um companheiro que, diante da demora de um morador que fora preso, abandonou o aparelho, deixando o sinal de perigo.

Muitos militantes tratavam, também, de não ter consigo chaves de onde moravam, pois, como os torturadores diziam, "uma chave abre uma porta". Deixá-la guardada em algum lugar e ter consigo uma chave da casa de parentes, por exemplo, foi usado. Essa casa de parentes podia, inclusive, ser aberta como suposta moradia do militante.

Praias ou parques foram usados para reuniões curtas, envolvendo pouca gente. Isso evitava que os participantes tivessem que conhecer algum aparelho.

Como resposta a isso tudo, a repressão mudou também seus procedimentos. Passou a investigar mais a fundo, a seguir dias a fio os militantes, tentando descobrir inclusive seus aparelhos e a montar uma ampla rede de informações para, só depois, efetuar as prisões.

ESTADO POLICIAL

A investigação não substituiu a tortura. Somou-se a ela, o que deu uma eficiência ainda maior ao trabalho da repressão. Vale a pena falar, ainda, da tortura. Mas de tortura de verdade, não de simples maus-tratos. Não que, do ponto de vista moral e ético, maus-tratos a presos sejam aceitáveis. Ou que não devam ser denunciados. Mas, embora todos os presos nos DOI-Codi sofressem maus-tratos, nem todos foram torturados profundamente.

Dependendo das circunstâncias da prisão, o grau de violência variava. Quem passou pelos DOI, de alguma forma, foi maltratado. Mas houve gente que sofreu, digamos, "apenas" espancamento ou uma tortura leve (expressão que é uma contradição em si). Pessoas que, como todas, levaram tapas no rosto, socos e pontapés, ficaram encapuzadas e, de modo eventual, foram submetidas a alguns choques elétricos. Mas, por alguma razão, não sofreram tortura forte e prolongada.

E por que algumas pessoas não eram tão torturadas quanto outras? Uma primeira razão: a presença de presos "prioritários" para serem interrogados naqueles dias. Neles, então, os torturadores concentravam os esforços. Outra razão: a pessoa ter poucas informações a dar, no entendimento dos torturadores. Entre essas razões, porém, não estava a possibilidade de pistolões. Os DOI-Codi se reportavam às chefias dos Estados-Maiores do Exército em cada região militar, justamente para evitar carteiradas de quem quer que seja. Houve filho de oficial militar torturado.

A tortura é terrível. Talvez em nenhuma outra situação alguém se sinta tão só, tão abandonado, tão desamparado. O preso tem seu corpo à mercê de carrascos dispostos a tudo.

A EVOLUÇÃO DA REPRESSÃO

Não à toa, em abril de 1970, havia dois cartazes rústicos, feitos à mão, numa das paredes da principal sala de torturas do DOI-Codi do Rio. Ela era chamada de boate ou sala roxa, pelas luzes dessa cor que lhe davam um aspecto fantasmagórico. Um dos cartazes dizia: "Aqui é o lugar em que o filho chora e a mãe não vê." O outro: "Advogado aqui só entra preso."

No entanto – nunca é demais dizer – a experiência mostra que a tortura não é invencível. Se os algozes têm à mão o corpo do preso, não têm o seu espírito e a sua mente. Uma batalha é travada. Há casos de resistência de gente que foi muito torturada e é preciso valorizar protagonistas de situações assim. E há também exemplos de militantes admiráveis, que não deixaram de ser militantes admiráveis, e que foram dobrados. É preciso respeitar a tortura.

Aqui vão algumas dicas para enfrentar uma situação de tortura, sempre deixando claro que, nesse terreno, não há conselhos infalíveis.

Uma primeira providência: diminuir a vulnerabilidade dos quadros importantes. Dirigentes visados, numa situação em que haja a possibilidade de tortura, não devem ficar junto de filhos pequenos ou de pessoas próximas que possam deixá-los vulneráveis à pressão dos algozes. Consta que Miguel Enríquez, secretário-geral do MIR (Movimiento de Izquierda Revolucionaria) chileno, caiu porque uma dirigente que conhecia seu aparelho teve um filho torturado diante dela. E vale a advertência: não se deve ter ilusões com os algozes. Eles não têm limites. O ser humano é capaz dos atos mais nobres e dos mais infames.

ESTADO POLICIAL

Deve haver cuidado com a tendência a uma confiança ilimitada num militante sob tortura, por mais confiável que ele seja. Às vezes, normas de segurança são descumpridas por isso. É errado depender do heroísmo individual de militantes, embora se deva estimular a resistência e mostrar, com exemplos reais, que a tortura não é invencível.

É preciso se ter presente que as revoluções se apoiam em heroísmo, só que de milhões, não de heróis isolados, embora estes existam. Quando o processo de transformações sociais depende do heroísmo de uns poucos, é inevitável que seja derrotado.

Na cultura da clandestinidade, cada um é responsável pela preservação das informações de que dispõe. Também por isso, num quadro de repressão intensa, é sempre desejável a socialização de informações de caráter político amplo; o mesmo não acontece com informações operacionais, que devem ser compartimentadas. Cada um só tem que saber o que precisa saber. Esta é uma regra de ouro.

Os métodos de trabalho devem fazer com que não se dependa apenas do heroísmo de militantes para a defesa da estrutura de uma organização e dos demais companheiros. Além disso, há outro aspecto: o sofrimento dos torturados é atenuado se houver boas regras de segurança. A repressão acaba percebendo que o preso que interroga não tem as informações que deseja obter, devido à compartimentação. Ou, pelo menos, fica mais propensa a acreditar nisso. E depois – o que é muito importante – o torturado corre menos risco de abrir uma informação valiosa e ter que conviver com esse peso na consciência, o que, em si, seria uma tortura para o resto da vida.

A EVOLUÇÃO DA REPRESSÃO

Muitas vezes uma espécie de solidariedade com um preso que se supõe sob tortura faz com que militantes corram riscos desnecessários. No livro já citado, Semprún conta o encontro que teve com o outro membro do Comitê Central que estava no interior do país, depois da queda do franquismo e já vigente a anistia política na Espanha. Nos anos de chumbo, apenas dois membros do Comitê Central, ele e Semprún, estavam no interior do país. E esse dirigente era o único que conhecia o seu aparelho. Em dado momento ele foi preso e, claro, torturado. Quando os dois se reencontraram, anos depois, em Paris, já apenas como amigos, pois Semprún havia deixado o PC, veio a pergunta: "No dia em que você soube que eu tinha sido preso, dormiu no seu aparelho?" Semprún respondeu que sim e os dois se abraçaram.

Contada depois, a cena é bonita, mas o procedimento de Semprún não foi correto. Ele não era só uma pessoa física, era o mais alto dirigente político do PC no interior da Espanha. E um quadro experiente. Tinha passado até pela Gestapo e pelo campo de concentração de Buchenwald, entre 1943 e 1945 (experiência que deu origem ao bom livro *Um belo domingo*, também escrito por ele).[70]

Mas é meio como se, ao optar por ficar numa situação de risco, o militante esteja sendo solidário e dividindo o sofrimento com o companheiro e amigo que está preso, e, ele sabe, sendo torturado.

Houve casos exatamente iguais no Brasil. Alguns com finais felizes. Outros, não.

---

70. SEMPRÚN, Jorge. *Um belo domingo*. Rio de Janeiro: Nova Fronteira, 1982.

ESTADO POLICIAL

Numa situação de prisão, sempre ajuda que se tenham álibis para viagens, encontros, reuniões etc. Mesmo que eles não sejam 100% consistentes e nem sempre possam ser de todo comprovados, pelo menos permitem ganhar tempo.

Na tortura, em si, é preciso nunca perder o controle. Senão, é o fim. Os torturadores "aprofundam o êxito", expressão que na linguagem militar é usada para se referir ao procedimento recomendado quando, numa batalha, as linhas inimigas são rompidas e se desorganizam. Aí – ensina a doutrina castrense – é hora de ir com tudo e aniquilar inteiramente o inimigo. Pois houve gente que, na tortura, ao desmoronar, entregou em vinte minutos o que tinha segurado durante dias.

É preciso, também, não baixar a guarda quando, depois de um período de interrupção da tortura, ela é reiniciada. Muitas vezes os torturadores param as sevícias por um tempo para recomeçá-las depois. Contam que o preso estará mais relaxado e sem as defesas que tinha quando começou a ser torturado. Há casos em que funcionou.

Muitas vezes há, ainda, o torturador "mau" e outro "bonzinho", que se diz contrário àquela violência toda e procura conquistar a confiança do preso. Interessante é que o "bonzinho" às vezes é "mau" com outro preso. Que ninguém se iluda. São duas faces da mesma moeda.

Em situações extremas, pode-se inclusive trabalhar com diferentes linhas de resistência. Porém, em qualquer circunstância, o mais importante é não se deixar atropelar. Tratar sempre de ter consciência absoluta do que se está dizendo e até que ponto se vai dizer o quê.

A EVOLUÇÃO DA REPRESSÃO

Muitas vezes, é possível ganhar tempo trabalhando com informações já conhecidas pela repressão. Nem sempre os torturadores em ação naquele momento têm conhecimento de tudo o que a repressão sabe. Faz-se, então, um jogo em que a lucidez é fundamental. Daí a importância de se manter sempre a consciência, apesar da pressão física.

A mentira pode ser também usada com o objetivo de se ganhar tempo. E nada é mais precioso do que tempo para um torturado. Abrir "aparelhos" falsos dos quais não se teria o endereço, mas onde supostamente se poderia levar os torturadores, por exemplo, sempre permite um refresco. O mesmo acontece com a abertura de pontos em locais distantes, e nos quais o torturado teria que aparecer, parado ou em movimento, para ser abordado por um companheiro. Isso obriga os torturadores a levá-lo lá, pois, mesmo na dúvida, são obrigados a checar. Se for verdade, podem perder uma chance que não se repetirá. É verdade que, depois, há represálias, mas isso são ossos do ofício.

Um senador, Agripino Maia (DEM-RN), numa tentativa tacanha de mostrar que a presidente Dilma Rousseff mentia, usou, certa vez, uma entrevista em que ela afirmava ter mentido aos interrogadores para não denunciar companheiros. Agripino, então, concluía que Dilma era uma mentirosa. Caiu no ridículo. Qualquer pessoa compreende que há situações nas quais a mentira é um ato meritório. A tortura é uma delas.[71]

---

71. Disponível em: <http://g1.globo.com/Noticias/Politica/0,,MUL456406-5601,00-JOSE+AGRIPINO+CITA+QUE+DILMA+MENTIU+DURANTE+A+DITADURA.html>.

ESTADO POLICIAL

Quase sempre o tempo contribui a favor do torturado, porque muitas informações caducam, além do que qualquer refresco para quem está sendo torturado é um ganho.

Há exemplos de casos em que as torturas pararam porque o preso sustentou até o fim que as informações de que dispunha já tinham caducado e que, se voltassem a torturá-lo, daria pontos e "aparelhos" falsos. Depois de uma queda de braço inicial, os torturadores aceitaram. Nem sempre era verdade.

No treinamento de unidades especiais das Forças Armadas, os combatentes são levados a situações extremas de cansaço e desconforto e forçados a seguir adiante. Com isso, acabam absorvendo a percepção de que o corpo sempre pode dar mais do que se pensa. Um exemplo, deformado, desse processo está no filme *Tropa de elite*, de José Padilha, estrelado por Wagner Moura, no papel do capitão Nascimento. Ele mostra como os participantes do curso de formação do Batalhão de Operações Especiais (Bope), da PM do Rio, são levados à exaustão. Apenas alguns passam pelo teste e não desistem no meio do treinamento.

Algo semelhante acontece, muitas vezes, com um militante sob tortura. Ele acha que não vai aguentar mais e diz que vai falar. Diz com sinceridade, mas quando a tortura é interrompida, que seja por um instante, a situação muda. A decisão de falar desaparece e ele conta uma mentira qualquer, mesmo sabendo que vai voltar para o martírio. Isso é mais comum do que se pensa.

O torturado não deve aceitar situações de humilhação jamais. Na ditadura militar, muitas vezes, os interrogadores tentavam fazer com que um preso torturasse outros (o que nunca deve

A EVOLUÇÃO DA REPRESSÃO

ser feito). Tampouco se deve ter uma postura subserviente. Isso arruína o moral do preso. Da mesma forma, mulheres não devem aceitar passivamente humilhações com conotação sexual.

Mesmo que esteja sustentando para os torturadores que está dando as informações exigidas, se o preso se humilha, estará a um passo de ceder tudo. E é ilusão pensar que esse comportamento vai contribuir para amainar a tortura. Pode ser que sim, mas pode ser que não. E tanto numa, como em outra situação, o preso passará a ser tratado como um verme. Não à toa, os torturadores se referiam a militantes que trocavam de lado como "cachorros". Muitas vezes, a bravura conta a favor do preso e faz com que ele seja respeitado até mesmo pelos carrascos.

É bom saber que pedidos para que a tortura seja interrompida são recebidos com sarcasmo. Aliás, qualquer pedido a torturadores é não só inútil, como em geral contraproducente.

Não é preciso (e, muitas vezes, tampouco é recomendável) desafiar abertamente os torturadores, mas isso não pressupõe a conveniência de um comportamento submisso. Uma postura digna é a mais recomendável. É falsa a ideia de que, na ditadura, quem não falou na tortura foi morto. Há militantes que andaram dizendo isso em público, talvez para justificar seu comportamento. Não só é uma inverdade, como é um desrespeito com quem foi muito torturado, não falou e sobreviveu. Além de ser um mau conselho para quem não foi torturado.

Não é bom, também, alguém se iludir com a certeza de que não se deixará prender vivo. Isso não depende da vontade do militante. Muitas vezes, a própria repressão toma todos os cuidados para prender alguém vivo e poder interrogá-lo.

ESTADO POLICIAL

O mesmo vale para tentativas de suicídio. Em geral, quando a repressão diz que um preso se suicidou, mente. Ela matou o preso, deliberadamente ou não. Mas são tomadas precauções para que os interrogados não sejam donos de seu destino. Desnecessário dizer que pedidos de um torturado para que seja morto são inúteis. Mais: quase sempre são recebidos com chacotas e demonstrações de que quem dá as cartas ali são os torturadores. "Você vai morrer quando e como a gente decidir, não quando você quiser", costumavam dizer.

Um conselho: vá passo a passo. Concentre-se no momento e na sessão de torturas que está ocorrendo. Não misture as coisas e não deixe que o medo de sessões futuras influencie seu comportamento. Um dia, aquele inferno vai acabar.

É preciso ter claro que o objetivo da tortura é, pela dor intensa, destruir moralmente o militante para extrair dele as informações desejadas. Assim, o aspecto mais desumano da tortura não é o físico, não é o fato de os carrascos causarem dor extrema a uma pessoa. Isso, claro, é inaceitável dos pontos de vista ético ou humano. Mas, com o tempo, essa dor passa, mesmo que deixe sequelas físicas. O mais inaceitável e desumano é a tentativa de fazer com que, pela dor, uma pessoa renegue seus princípios, seus valores e tudo o que acredita e pelo qual luta. É tentar fazer com que ela tenha a sua personalidade quebrada. Aí reside a maior desumanidade. É uma batalha em que o torturado segura nos dentes a sua integridade moral, a sua personalidade e o seu ideal, mesmo tendo seu corpo violentado em grau extremo. A propósito, vale a leitura do texto *A burrice do demônio*, de Hélio Pellegrino.[72]

---

72. PELLEGRINO, Hélio. *A burrice do demônio*. Rio de Janeiro: Editora Rocco, 1988.

A EVOLUÇÃO DA REPRESSÃO

Cabe, ainda, uma observação final, já fugindo do assunto tortura, mas que pode servir no caso de uma ditadura aberta.

Não se deve descartar como questão de princípio a hipótese de exílio. Em dado momento, Lênin, Fidel e Ho Chi Minh saíram de seus países para melhor organizar a luta. O exílio não significa necessariamente o abandono da batalha.

De qualquer forma, não é o caso de o exílio estar no horizonte no momento em que este livro é escrito, primeiro semestre de 2019.

Longe disso.

CONSIDERAÇÕES FINAIS

Chego ao fim destas linhas com um sentimento estranho. Sempre desejei que meus livros e artigos despertassem interesse e fossem lidos pelo maior número de pessoas, de forma a ajudarem nas lutas pelo aprofundamento da democracia, pelas transformações sociais e na construção de um caminho para o socialismo. Afinal, este era o seu objetivo e esta seria a maior recompensa para o meu esforço.

Não é o que sinto aqui.

Como afirmei nas considerações iniciais deste livro, gostaria que *Estado policial: como sobreviver* se mostrasse inútil, que fosse mesmo algo sem serventia.

Preferiria que as sugestões trazidas e as experiências transmitidas aqui, fruto da preocupação com a defesa da integridade física de militantes e ativistas do movimento popular, se mostrassem desnecessárias.

Isso teria significado que a democracia brasileira está mais consolidada e que conseguiu prevalecer, apesar das nuvens ameaçadoras que pairaram sobre ela.

Seria sinal de que não trouxeram maiores consequências para a democracia e o Estado de Direito as relações dos detentores do poder com os grupos paramilitares fascistas.

ESTADO POLICIAL

Mostraria que o aparelho de Estado acabou não sendo posto a serviço do crime e do desrespeito aos direitos humanos, como ocorreu na ditadura militar, tão admirada por alguns dos atuais governantes.

Enfim, tudo seria melhor assim.

É inegável a possibilidade de o país caminhar para uma ditadura. Ou que, mesmo que isso não ocorra de forma aberta, se abra um período de forte desrespeito aos direitos humanos e de atentados à democracia e à liberdade.

No momento em que a redação deste livro está sendo encerrada, Bolsonaro enfrenta dificuldades, apesar de estar no governo há apenas cinco meses. No entanto, acena com relativo sucesso para a mobilização de uma base fascista que lhe dá sustentação e investe contra instituições da República – Congresso e Judiciário –, estimulando acusações gravíssimas contra elas. Essas instituições são reacionárias e têm partes significativas envolvidas com corrupção. Mas é sintomático que o presidente as apresente como empecilhos para que seu governo tire o país da crise. Isso pode ser a preparação para, mais adiante, uma tentativa de golpe de Estado.

O fato é que, com ou sem golpe e com ou sem Bolsonaro na Presidência, não há garantia de que, no próximo período, a democracia estará preservada e de que não haverá atentados contra a integridade de lutadores do movimento popular.

De qualquer forma, é preciso não se desesperar. Ainda que o pior venha a acontecer, as coisas não são imutáveis.

Basta lembrar a situação vivida pelas populações da Europa Oriental ou das regiões da antiga União Soviética ocupadas pelo exército nazista, no início da década de 1940 do século passado.

CONSIDERAÇÕES FINAIS

Naquele momento, muito pior do que a ameaça ao destino de cada pessoa, algo mais assustador se desenhava: a propalada invencibilidade do aparato militar nazista e a aparente inevitabilidade de sua vitória. Isso traria, como consequência, a escravização, quando não o extermínio puro e simples, de parcelas consideráveis da Humanidade, rotuladas como "raças inferiores".

Muitos combatentes da resistência armada contra a ditadura militar estiveram nos porões do DOI-Codi, em 1970. Na época, não bastasse a difícil situação individual por que passavam, suas preocupações certamente não se resumiam ao drama pessoal. Muitos deles já tinham consciência de que o movimento do qual eram integrantes estava isolado, sem conseguir mobilizar a sociedade e os trabalhadores, caminhando para a derrota. E não ignoravam que, naqueles dias, a maioria dos brasileiros estava alheia à política e ao fato de o país viver sob uma feroz ditadura, mais interessada em acompanhar as vitórias da seleção brasileira na Copa do Mundo realizada naquele ano.

Mas nada é eterno. As coisas mudaram.

Na II Guerra Mundial, o propalado Reich dos Mil Anos foi derrotado, seu exército tido como imbatível se rendeu em maio de 1945, e a bandeira vermelha foi içada em Berlim.

No Brasil, na segunda metade dos anos 1970, vieram as maiores lutas operárias da história, houve a anistia política e, uma década depois dos anos de "Pra frente Brasil", a ditadura chegou ao fim.

Por isso, sempre vale a pena lembrar o que disse Chico Buarque naqueles outros tempos que se desenhavam ameaçadores.

"Amanhã vai ser outro dia."

O texto deste livro foi composto em Garamond Pro,
desenho tipográfico de Jan Tschichold de 1964
baseado nos estudos de Claude Garamond e
Jacques Sabon no século XVI, em corpo 12/16.
Para títulos e destaques, foi utilizada a tipografia
Frutiger, desenhada por Adrian Frutiger em 1975.

A impressão se deu sobre papel off-white
pelo Sistema Cameron da Divisão Gráfica
da Distribuidora Record.